#stayfocused

#stayfocused

Sarah Maria Müller

Bibliografische Information der Deutschen Nationalbibliothek:
Die Deutsche Nationalbibliothek verzeichnet diese Publikation in der Deutschen Nationalbiblio-
grafie; detaillierte bibliografische Daten sind im
Internet über dnb.dnb.de abrufbar.

© 2018 Sarah Maria Müller
Herstellung und Verlag:
BoD – Books on Demand, Norderstedt

ISBN: 9783748157731

Inhalt

Teil I

Wie es zu diesem Buch kam
– Meine Geschichte

Ich war zwei Jahre alt als sich meine Eltern trennten. Erst zu einem späteren Zeitpunkt stellte sich heraus, dass es mich mehr beschäftigte als ich bis dahin gedacht hatte.

Aufgewachsen sind meine Schwester und ich bei meiner Mutter. Ihre Art und Weise, wie sie uns großzog kann ich nicht in Worte fassen. Mit so viel Liebe und Fürsorge. Sie hat alles für uns gemacht – und das tut sie auch heute noch. Egal wie sehr wir gestritten haben, sie war immer für uns da und ich bin ihr für so vieles dankbar.

Abwechselnd, an allen zwei Wochenenden, verbrachten meine Schwester und ich bei unserem Vater. Er machte die Wochenenden immer zu etwas Besonderem. Ausflüge nach Straßburg, Radtouren durch die Weinberge, der Besuch bei McDonalds, den Sonntagnachmittag im Freibad oder das Eis in unserer Lieblingseisdiele – ich denke gerne an diese Zeit zurück. Ich war so sorglos, frei und glücklich. Wie Kinder nun einmal sind.

Nicht alle Trennungen verlaufen so wie die meiner Eltern. Auch heute noch haben sie ein gutes Verhältnis und sind immer für uns da. Trotz Trennung hatte ich die schönste Kindheit. Eine Kindheit, die ich mir nicht hätte anders vorstellen können.

Meine Mutter und auch mein Vater lernten nach der Trennung ihre neuen Lebenspartner kennen und ich bin froh, dass sie beide jemanden gefunden haben, mit dem sie glücklich sind und alt werden wollen. Meine Schwester, Mutter und ich wohnten in einem kleinen Dorf, in dem jeder jeden kannte. Wir hatten ein großes Haus mit einem riesigen Garten, in dem wir als Kinder mit unserer Cousine und Cousin Dinge anstellten, über die sich meine Mutter und Tante nur ärgerten. Noch heute muss ich schmunzeln, wenn ich daran zurückdenke und ich glaube, jetzt im Nachhinein, meine Mutter auch.

Doch irgendwann kam der Zeitpunkt, an dem meine Mutter und ihr Lebenspartner den Schritt wagten, zusammen zu ziehen – besser gesagt *zu ihm* zu ziehen. Ob das damals die richtige Entscheidung war, weiß ich nicht. Ich wüsste nicht, was gewesen wäre, welche Person ich heute wäre oder wo ich heute stehen würde, wenn wir nicht zu ihm gezogen wären. Ich freute mich damals auf den *noch* größeren Garten und auf das *noch* größere Haus. Ich war dreizehn Jahre alt. In diesem Alter war ich mir noch nicht bewusst, was dieser Schritt bedeutet. Von nun an waren wir eine „Patchwork-Familie": meine Mutter, ihr Freund, sein Sohn, meine Schwester und ich.

Trotz Umzug besuchte ich bis zur achten Klasse die gleiche Schule. Täglich verbrachte ich fast achtzig Minuten mit Busfahren. Hinzu kam, dass meine damaligen Freundinnen aus einer ganz anderen Richtung kamen. Angst davor, dass sich Freundschaften durch den Umzug verlaufen würden, hatte ich nicht. Allerdings änderte sich durch den Umzug einiges - anders als ich es mir vorgestellt hatte.

Es begann in der siebten oder achten Klasse. Wir waren eine Clique aus fünf Mädels mit ganz unterschiedlichen Charakteren: Die Dominante – die „Führerin", die „Folger" und mich. Wir verbrachten viel Zeit miteinander, ab und zu auch mit ein paar Jungs aus unserer Klasse. Wir machten viele „Übernachtungs-Partys", Shopping-Tage oder auch einfach Nachmittage, an denen wir uns bei einer von uns trafen. Doch zu Beginn der achten Klasse schien auf einmal alles ganz anders zu sein. Die Angst, sich gegenseitig die „beste Freundin" auszuspannen, das Konkurrenzdenken, die Eifersucht und der Neid einer einzigen Person, zerstörte all das, was wir in den letzten Jahren aufgebaut hatten: Unsere Freundschaft. Noch heute weiß ich nicht, aus welchem Grund sie sich mir gegenüber so verhalten hat. Es gab zwar eine Situation, in der ich einfach mal *nein* gesagt habe, allerdings bin ich mir nicht sicher, ob diese Situation auch wirklich der Auslöser dafür war. Sie kannte ein *Nein* nicht. Sie war es nicht gewohnt, dass sich ihr jemand widersetzte. Von diesem Augenblick an veränderte sich alles. Vielleicht hatte sie schon immer so gefühlt und es nur nicht nach außen gezeigt. Sie ignorierte mich plötzlich, schenkte anderen etwas aber mir nicht. Sie unternahm mit den anderen etwas, ohne mir Bescheid zu geben. Sie gab mir das Gefühl, nicht willkommen zu sein. Dass niemand mit mir etwas unternehmen wollte. Die anderen zwei merkten das natürlich nicht, darum die „Folger".

Mein Selbstbewusstsein sank auf einem Schlag. Ich begann an mir zu zweifeln. Täglich stellte ich mir Fragen wie „Was habe ich getan?", „Warum

ist sie so komisch zu mir?", „Bin ich so schlimm?"
oder „Bin ich nicht gut genug?"*. Dass es lediglich
die Eifersucht und das gegenseitige Ausspielen
dieser Person war, war mir damals noch nicht
bewusst und suchte den Fehler stattdessen bei
mir selbst. Ich zog mich zurück, da ich das Gefühl
hatte, etwas falsch gemacht zu haben und aus
diesem Grund niemand mehr mit mir Zeit verbringen wollte. Als ich von der Schule kam, machte
ich meine Hausaufgaben. Ich lernte ziemlich viel
und war sehr gut in der Schule - ein weiterer
Punkt, der ihr einen Grund gab, eifersüchtig zu
sein. Zunächst fiel es niemandem auf, dass ich
mich immer mehr zurückzog, ich verbrachte einfach nur weniger Zeit mit meinen Freundinnen.
Vereinzelt traf ich mich noch mit meiner damals
besten Freundin aber auch das verlor sich irgendwann. So wurden aus *meinen* besten
Freundinnen, *ihre* besten Freundinnen. Freundinnen, die blind waren, die nicht gemerkt haben,
was vor sich ging. Für sie war ich plötzlich nur
noch ein jemand. Die *Führerin* hatte gewonnen.
Sie zog die Fäden und die anderen spielten mit.

Ich kam nach der Schule nach Hause, schloss
mich in mein Zimmer ein und weinte. Dadurch,
dass das Haus so groß war, hörte mich niemand.
Die Selbstzweifel führten letztendlich dazu, dass
mein Selbstvertrauen und Selbstbewusstsein immer weiter sanken und die Unzufriedenheit mit
mir, mit meinem Körper, immer stärker wurde. Ich
brauchte etwas, das mir Halt gab. Etwas, das ich
kontrollieren und selbst steuern konnte. Ich sah
mich mit meinen verheulten Augen im Spiegel an
und dachte: „Sarah, ein paar Kilos weniger wür-

den dir nicht schaden." So begann ich mich bewusster zu ernähren mit dem Ziel abzunehmen. Ich aß mehr Obst und Gemüse, verzichtete abends mal öfters auf mein Eis. Sportlich war ich schon immer. Lange Zeit spielte ich Fußball im Verein und das sogar sehr gut. Es war mein Hobby, meine Leidenschaft. Es war das, wofür ich brannte. Es war mein Ausgleich. Jedes Wochenende verbrachte ich auf dem Sportplatz und freute mich jedes Mal auf das Spiel. Doch das änderte sich. Durch meinen Stiefbruder stieß ich auf das Wii-Spielen: „Wii Fit". Eine eingebaute Waage, „Fitness"-Übungen – *perfekt*, dachte ich. Täglich spielte ich Wii und versuchte mich jedes Mal zu steigern. Und ja, am Anfang hat es richtig Spaß gemacht. Ich hatte Erfolge – ich wurde „fitter" und mein Gewicht sank. Doch irgendwann bekam die Zahl auf der Waage eine immer größere Bedeutung für mich. Ich wog mich täglich mehrmals – vor und nach dem Sport, in der Hoffnung, ich nahm ab. Sport wurde immer mehr zu einem Zwang. Von außen sah man allerdings nur, dass ich abgenommen habe – nicht, was in mir vor ging. Die Unzufriedenheit mit meinem Körper, meine immer größer werdenden Selbstzweifel, das sinkende Selbstvertrauen und dann noch dieses Gefühl, zu wissen, dass zurzeit etwas Komisches geschah. Dass Freundschaften sich plötzlich nicht mehr wie Freundschaften anfühlten, ich mich in diesem großen Haus nicht wohl fühlte und die Zeit mit meiner Mutter nicht mehr allein verbringen zu können, so wie früher. Meine Gedanken und Gefühle, konnte ich nicht richtig zuordnen. Es ging so viel in mir vor aber all das behielt ich für mich. Ich unterdrückte alles bis ich letztendlich nichts mehr fühlte.

Für meine Gewichtsabnahme bekam ich Komplimente aus meinem Umfeld und ja, auch von meinen „Freundinnen". Ihre Aufmerksamkeit stärkte und bestätigte mich. Sie gab mir Kraft. So machte ich weiter – bis mein Gewicht stagnierte. Ich begann meine Mahlzeiten weiter zu verkleinern und es funktionierte. Ich wog immer weniger. Jedes Gramm weniger auf der Waage gab mir Bestätigung. Bestätigung und Kraft, die ich sonst von niemanden bekommen habe. Längst hatte ich meine Körperwahrnehmung verloren und gab der Zahl auf der Waage eine größere Bedeutung als meinem Spiegelbild. Meine Stimmung machte ich abhängig von der Zahl, die erschien. Und das war der größte Fehler.

Ich war nie wirklich dick, fühlte mich aber dennoch immer etwas unwohl. Besonders wenn ich mich, wie so oft, mit Mädchen im Freibad verglich. Ich verglich mich mit Mädchen, die in meinen Augen hübscher waren als ich. Die bereits einen Freund hatten und „cool" waren. Nach nur einem halben Jahr habe ich zehn Kilo abgenommen und wog zweiundvierzig Kilo. So langsam machten sich meine Eltern Sorgen. Sie fragten, ob alles in Ordnung wäre. Meine Antwort: „Natürlich." Ich befand mich in einem Tunnel. Es gab nur mich, das Essen, den Sport, die Waage und diese Stimme im Kopf. Ständig war sie bei mir. Morgens als ich aufwachte und abends als ich schlafen ging. Beim Frühstück, beim Mittag- und beim Abendessen. Sie war immer da. Sie verbot mir alles, was ich früher so gern gegessen hatte. Die Linzertorte von meiner Oma, das Essen meiner Mutter, die Pizza mit meinem Vater bei unserem Stammitaliener. Jedes Mal saß ich am Tisch und sah den anderen beim Essen zu. Ich fühlte mich seltsam, komisch. Aber ich durfte nicht, ich musste stark bleiben.

Ich ließ niemanden mehr an mich ran. Ich fühlte nichts. Nur dann, wenn sich die Zahl auf der Waage änderte. Wurde sie kleiner, fühlte ich mich bestätigt. Wurde sie größer oder stagnierte, war ich enttäuscht. Enttäuscht von mir selbst. Enttäuscht, dass ich es nicht einmal schaffe, abzunehmen.

Übermäßiger Sport, kontrolliertes und restriktives Essen und das tägliche Wiegen gehörten inzwischen zu meinem Alltag. Wenn ich mit anderen am Tisch saß, schaute ich genau, was sie aßen. Denn wenn ich mal aß, durfte ich ja nicht mehr essen als sie. Ich musste „besser" sein – weniger essen. So lag ich abends mit knurrendem Bauch im Bett. Zu Beginn war mir richtig übel aber mit der Zeit gewöhnte ich mich an den Hunger. Ich gewöhnte mich an dieses komische Gefühl im Magen, sodass ich ihn irgendwann nicht einmal mehr spürte. Ich verlor mein Hungergefühl. Fußball, was ich früher aus Leidenschaft gespielt habe, konnte ich auf Dauer nicht mehr spielen. Ich redete mir ein, dass die anderen Mädels älter und besser waren als ich. Natürlich waren sie älter und teilweise auch besser aber ich hätte sehr gut mit ihnen mithalten können. Der wahre Grund war ein anderer: Ich war zu schwach. Ich besaß kaum noch an Muskulatur. Demnach fiel mir einfach die Kraft dazu. Also hörte ich auf. Noch ein sozialer Treffpunkt weniger. Mein Gedanke: *„Dann werde ich eben ab sofort mehr Sport in Form von Joggen machen."* Und das tat ich. Ich joggte, täglich. Einfach nur um Kalorien zu verbrennen. Was Kalorien überhaupt sind, wie sich mein Energiebedarf zusammensetzte, wie mein Körper reagiert und was alles hätte passieren können, wusste ich zu diesem Zeitpunkt nicht. Hauptsache die Zahl auf der Waage sank - und das tat sie. Ich nahm weiter ab. Meine Mutter machte sich weiterhin große Sorgen um mich. Mehrmals redete sie auf mich ein, aber ich stritt alles ab. Mein Vater, der sonst so ruhig ist, begann mich anzuschreien. Nicht, weil er böse war. Nein, aus Sorge. Aber ich blieb weiterhin in meinem Tunnel: gefühlslos, starr und kalt.

Als ich an einem Sonntagmorgen aufwachte, mich der Schwindel überkam, mir schwarz vor Augen wurde, ich nicht aufstehen konnte und absolut keine Kraft mehr hatte, hatte ich Angst. Große Angst. Angst, dass nun alles vorbei wäre. Ich konnte mich kaum mehr bewegen und lag hilflos im Bett. Aber ich wollte es nicht zugeben. Nicht zugeben, dass es so nicht mehr weiter gehen konnte. Dass das, was ich mit mir gemacht habe, meinem Körper angetan habe, nicht gesund ist. Allerdings war diese Stimme in meinem Kopf stärker als mein Wille. Immer wieder sprach sie zu mir: *„Nein, das darfst du nicht essen. Du wirst davon zunehmen."* So sehr ich auch wollte, ich kam nicht gegen diese Stimme an. So machte ich trotz diesem Vorfall weiter.

Erneut kam meine Mutter auf mich zu. Sie war wütend. Wütend aus Sorge. Selten habe ich sie so erlebt. Wir hatten einen großen Streit. Einen so großen, wie wir ihn bisher noch nie hatten. Sie – machte sich Sorgen, ich – war zu verbissen. Zu verbissen, alles abzuweisen. All meine Gedanken und Probleme in mich hineinzuschlingen und niemanden an mich ran zu lassen. Bis es aus mir heraus platzte: Ich begann zu weinen. Ich weinte so sehr, dass ich kaum Luft bekam. Ich schluchzte wie verrückt. Meine ganzen Gefühle, meine ganzen Gedanken, die ich in den letzten Monaten, oder fast schon Jahren, unterdrückt hatte, platzten aus mir heraus. Meine Schutzhülle, die ich aufgebaut habe, schien durchbrochen zu sein. Meine Eismauer begann zu schmelzen. In den Augen meiner Mutter sah ich Erleichterung. Ihr Stirnrunzeln löste sich, ihre Mundwinkel änderten sich und ich sah, wie ihr ein Stein vom Herzen fiel. Ich saß auf ihrem Schoß, klammerte mich wie ein kleines Kind fest an sie und erzählte ihr alles. Alles. Von meiner „Freundin", was sie getan hat, wie sich die anderen mir gegenüber verhielten, wie ich mich fühle, meine Gedanken – einfach alles. Wir saßen über eine Stunde gemeinsam auf dem Esstischstuhl und ich redete, weinte, redete und weinte, während sie bei mir blieb, mich festhielt und einfach nur zuhörte.

Das war das erste Mal seit einem Jahr, dass ich mich wieder jemand anvertraut hatte. Das Gespräch ist für mich heute noch ein Wendepunkt. Es tat so gut mit jemandem darüber zu sprechen. Mit jemanden, der mich verstand und mir zuhörte. Jemand, der mir das Gefühl gab, nicht allein zu sein. Lange hatte ich nicht mehr so ein Gefühl von Geborgenheit wie in diesem Moment. Durch meine Schutzmauer wirkte ich sehr kalt anderen gegenüber – auch gegenüber meiner Familie. Hinzu kam meine abgemagerte Figur, durch die ich arrogant und eingebildet wirkte. Zumal ich in dieser Zeit alles andere als ein großes Selbstbewusstsein hatte. Ich wüsste nicht, was gewesen wäre, wenn ich mich an diesem Abend meiner Mutter nicht geöffnet hätte. Ich wüsste nicht, ob ich heute überhaupt noch leben würde. Mit großer Sicherheit hätte ich mich weiter zu Tode gehungert.

Nach diesem Gespräch ging es mir um einiges besser. Das Problem war damit aber nicht gelöst. Gemeinsam versuchten wir aus diesem Loch herauszukommen. Eine Therapie lehnte ich strikt ab, da ich dachte, es allein zu schaffen. Demnach verbrachte ich sehr viel Zeit mit meiner Mutter – mehr als in meinem Alter üblich war. Sie war die einzige, der ich mich anvertraut hatte. Sie war in dieser Zeit meine einzige und beste Freundin. Dass das auf Dauer nicht gut war, wurde mir und auch meiner Mutter, erst einige Zeit später klar. Aber in diesem Augenblick war ich froh, wieder jemanden zu haben. Sie half mir wieder mehr zu essen, denn schließlich stand mein Schulwechsel an, bei dem ich wieder *gesund aussehen* wollte. Der wahre Grund für den Schulwechsel war allerdings nicht wirklich der Umzug. Viel mehr wollte ich meinen Problemen in der alten Schule entkommen. Weg von meinen „Freunden". Weg von ihr – weg von meinen Problemen. Ich dachte, dass auf der neuen Schule alles besser werden würde. Natürlich hatte ich Angst. Angst, vor dem

Neuen und Unbekannten. Allerdings war es für mich zugleich eine Chance neu anzufangen.

Ich wollte wieder offener werden. Menschen wieder an mich ranlassen. Ich wollte wieder glücklich werden. Und das wurde ich. Ich lernte viele neue Menschen kennen. Bei einigen merkte ich jedoch schnell, dass sie nicht das waren, für das sie sich ausgaben – und die meisten von ihnen haben sich bis heute kein Stück geändert. Schon damals hatte ich eine gute Menschenkenntnis, welche mir auch heute noch dabei hilft, Menschen schnell zu durchschauen. Personen wie diese stören mich aber nicht. Damals und auch heute halte ich mich einfach fern von ihnen.

Mit einer Person verstand ich mich allerdings von Beginn an: Sabrina. Selten habe ich eine Person kennengelernt, mit der ich von Anfang an auf einer Wellenlänge war. Wir trafen uns regelmäßig – fast täglich. Alleine oder mit anderen. Uns konnte niemand trennen. Lange hatte ich niemanden außer meiner Mutter. Niemanden, mit dem ich mich sonst austauschen, über alles reden und vor allem wieder lachen konnte. Eine Freundin, die immer für mich da war, egal was war. Mir wurde klar, wie wichtig Freundschaften sind und wie sehr mir das fehlte. Ich begann wieder Freude daran zu haben Dinge zu unternehmen, shoppen zu gehen, Konzerte zu besuchen, gemeinsam etwas Trinken oder Essen zu gehen. Es ging mir deutlich besser. Ich habe wieder gelacht, anderen wieder vertraut und den Moment genossen. Soziale Kontakte tragen unheimlich viel zum eigenen Wohlbefinden bei. Sie wusste von meiner Vergangenheit und meinen Problemen. Anders als meine damaligen „Freundinnen", reagierte sie verständnisvoll und empathisch. Sie mochte und akzeptierte mich so wie ich war. Und das schätze ich auch heute noch an ihr.

Mein neues soziales Umfeld tat mir gut. Ich lachte wieder, meine Augen hatten endlich wieder ein Strahlen – so meine Mutter. Ich nahm wieder etwas zu, sah nicht mehr so dürr aus wie davor. Allerdings aß und wog ich immer noch zu wenig. Trotzdem dachte ich, ich hätte meine Essprobleme bewältigt, was allerdings nicht der Fall war. Immer wieder gab es Phasen, in denen ich rückfällig geworden bin. Ich schwankte zwischen zwei Extremen: Es gab Tage, an denen ich weniger gegessen oder das Essen sogar ganz verweigert habe und Tage, an denen ich mich überwunden habe etwas Süßes zu essen, es allerdings in einem Fressanfall ausartete. Zunächst verharmloste ich solche Vorfälle: „Ich esse ja sowieso so wenig, da ist das schon einmal in Ordnung." Doch aus einem Fressanfall wurden zwei. Und aus zwei wurden irgendwann mehrere, bis es letztendlich zur Gewohnheit wurde und sich fast täglich wiederholte. Ich verbot mir tagelang Lebensmittel was dann zu einem Essanfall führte. Mir war bewusst, dass das nicht gesund ist. Aber dennoch begleiteten mich diese Anfälle noch eine ganze Weile.

Es war nur eine Frage der Zeit, bis sich meine Probleme auch auf die Beziehung meiner Mutter und ihrem Freund auswirkte: Als wir gemeinsam aßen, verweigerte ich das Essen, wünschte mir andere Beilagen, etwas mehr davon und etwas weniger hiervon – extra Wünsche eben. Er wusste natürlich von meinem Problem. Allerdings ist es für einen Außenstehenden schwer, die Probleme und Ängste zu verstehen. Aus diesem Grund möchte ich an dieser Stelle auch niemanden etwas unterstellen. Ständig stand meine Mutter im Zwiespalt. Sie hatte Angst ihren Freund, meine Schwester und mich zu enttäuschen. *„Eine Mutter steht immer zu ihren Kindern"*, so ihre Worte. So entschloss sie sich nach vielen Gesprächen mit uns wieder auszuziehen. Wieder ein Umzug. Diesmal allerdings nicht weit weg, sodass meine Schwester und ich trotzdem noch dieselbe Schule besuchten.

Der Auszug fiel uns allen schwer. Wir kamen immer gut miteinander aus. Machten zahlreiche Ausflüge und die Urlaube waren die schönsten, die ich je hatte. In den letzten zwei Jahre drehte sich allerdings alles um mich. Um meine Probleme, mein Verhalten gegenüber anderen und mein Verhalten am Tisch. Dass ihr Freund nach der Trennung nicht mehr gut auf mich zu sprechen war, habe ich zunächst nicht nachvollziehen können. Noch heute trägt mir meine Schwester nach, dass ich der Grund für die Trennung war und natürlich hat sie recht. Hat sie oder ich mit dem Ball etwas angeschossen, kaputt gemacht oder ist uns mal ein Teller runtergefallen, war es immer etwas anderes, als wenn es seinem Sohn passiert wäre. Natürlich ist es ärgerlich, wenn etwas kaputt geht, auch ich wäre genervt gewesen, keine Frage. Aber die Tatsache, dass es seine Sachen waren, brachte auch hier meine Mutter in den Zwiespalt. All diese Dinge konnte mein großes schönes Zimmer und der riesige Garten nicht ausgleichen. Ich habe mich nie wirklich „zu Hause" gefühlt. Ich vermisste das Familiäre: Den Abend *gemeinsam* vor dem Fernseher zu verbringen. Am Wochenende *gemeinsam* einzukaufen. Der Grund dafür, dass wir solche Momente nie oder selten hatten, war sicherlich nicht, weil er es nicht wollte, sondern weil er es selbst nie hatte und auch nicht gewohnt war. Mir wurde klar, dass mir mein Vater fehlte. Eine „normale" Familie. Eine Familie, in der man abends zusammen einen Film anschaut, gemeinsam kocht, lacht und Zeit verbringt. Wie verzwickt die Situation jedoch zu diesem Zeitpunkt war, ist mir erst heute bewusst. Aber damals hatte ich einfach nur das Bedürfnis, eine *Familie* zu sein.

Ich erinnere mich noch daran, als ich an einem Wochenende nicht wie gewohnt zu meinem Vater ging, da ich wieder Angst hatte, er würde erneut auf mich einreden, und stattdessen „zu Hause" blieb. Als der Freund meiner Mutter auf mich traf, war er überrascht. Seine Reaktion gab mir das Gefühl, nicht willkommen zu sein. Ich fühlte mich fehl am Platz, wieder nicht erwünscht. Und dabei war es doch mein Zuhause. Dieses Gefühl begleitete mich die ganzen fünf Jahre, in denen wir bei ihm lebten. Natürlich war es auch einer der Gründe, weshalb ich mich immer mehr in mein Zimmer zurückgezogen habe. Das war der Raum, in dem ich sein *durfte* und in dem ich mich wohl gefühlt habe.

Nachdem einige Monate vergingen und wir uns in unserer neuen Wohnung eingelebt hatten, gaben meine Mutter und ihr Freund ihrer Beziehung nochmal eine Chance – wohnten allerdings getrennt. Ich freute mich für meine Mutter, denn ein schlechtes Gewissen hatte ich im Nachhinein schon. Zum Glück wagten sie noch einmal diesen Schritt, denn sie sind bis heute noch zusammen.

Die letzten zwei Schuljahre auf der Realschule vergingen rasend schnell. Ich begann nebenbei in einer Gaststätte zu kellnern, gab Nachhilfe und arbeitete ehrenamtlich im Altersheim. Schon damals machte es mir Spaß, mit Menschen zu arbeiten. Allerdings wurde ich während meiner Arbeit in der Gastronomie immer wieder mit dem Thema Essen konfrontiert. In den Pausen durften wir uns an dem Essen bedienen, das übrig geblieben ist: schwäbische Spätzle, Fleisch, Kroketten und deftige Soßen. Es fiel mir schwer ohne schlechtes Gewissen zu essen. Aber ich aß – für den Rest des Tages jedoch nichts mehr. Und das, obwohl wir bereits gegen 14 Uhr gegessen haben. Ich dachte, das Essen sei so viel gewesen, dass ich mir an diesem Tag nichts mehr erlauben dürfte und sonst zunehmen würde.

Nach der Realschule besuchte ich mit Sabrina das berufliche Gymnasium. Wir lebten uns schnell ein und lernten neue Leute kennen. Leute, die mich und meine Vergangenheit nicht kannten, die mich so kennengelernt haben, wie ich war – und sie akzeptierten mich. Ich fühlte mich wohl. In dieser Zeit lernte ich auch meinen ersten Freund kennen. Allerdings hielt die Beziehung nicht lange. Sechs Monate waren es. Wohl fühlte ich mich jedoch nicht. Ich merkte, dass ich noch etwas in mir trug. Denn neben den Essanfällen wurde auch mein Sportdrang wieder stärker. Zu Hause begann ich wieder vermehrt Sport zu machen.

Auf YouTube schaute ich mir „Home-Workouts"
an und machte sie nach. HIIT-Workouts, gezielte
Bauch- und Po-Übungen – nichts im Vergleich zu
dem, was ich heute mache. Doch diese Übungen waren nicht mehr nur *Sport*. Es wurde erneut
zum *Zwang*. Täglich machte ich verschiedene
Übungen und versuchte mehr zu machen als am
Tag zuvor. Am Ende ging es mir nur noch darum,
mich möglichst viel zu bewegen und Kalorien zu
verbrennen. Ich überwand meine Ängste und
erzählte meinem damaligen Freund von meinem
Problem, jedoch nicht alles. Seine Reaktion war
nicht so, wie ich sie mir erhofft hatte. Ehrlich gesagt hatte ich keine Ahnung was ich mir überhaupt erhofft hatte. Verständnis? Hilfe? Unterstützung? Ich weiß es nicht. Allerdings wurde mir
dadurch bewusst, dass ich eine Last in mir trug,
ein Problem – und das musste ich erst mit mir
selbst lösen bevor ich mich in irgendetwas hinein-
stürze. Ich erinnere mich an eines unserer Gespräche. Wir unterhielten uns über Sport. Ich erzählte, was ich an Sport treibe – seine Reaktion:
„Pff, du? Was machst du an Sport?" Diese Frage
löste in mir eine enorme Wut aus. Ich war sauer.
Auf ihn auf mich, auf alles. Wenn jemand Sport
machte, dann ja wohl ich. Er wusste nicht wie
viele Stunden ich in meinem Zimmer verbrachte
und hin und her sprang, nur um Kalorien zu verbrennen. Er hatte ja keine Ahnung. Aber seine
Antwort, verletzte mich – und ganz besonders
meine Stimme im Kopf. *„Sieht man mir nicht an,
dass ich Sport mache?", „Ich bin fett"* – Gedanken, die mich nicht mehr losließen. Diese Worte
lösten nicht nur eine Gedankenflut aus, sondern
auch wieder alte Verhaltensweisen. Ich fiel wie-

der in dieses Extreme zurück. Ich ging nicht mehr mit Freunden aus, da ich erneut Angst hatte Essen gehen zu „müssen". So verbrachte ich die Abende lieber allein zu Hause. Auch auf der Arbeit musste ich mir immer wieder Sprüche bezüglich meiner dürren Figur anhören. An genaue Aussagen kann ich mich nicht mehr erinnern aber sie beschäftigten mich. Mein Selbstbewusstsein, das in der letzten Zeit wieder etwas besser wurde, sank wieder drastisch. Die Lebenspartnerin meines Chefs war Sozialpädagogin. Da sie tagtäglich mit Kindern arbeitet, und auch mit Kindern, die Probleme haben, sprach sie mich auf mein „Problem" an. Sie schickte mir Adressen von Leuten, die mir helfen könnten. So langsam begann ich nachdenklich zu werden. Ich betrachtete mich im Spiegel aber das einzige was ich sah, war ein Mädchen. Ein Mädchen, das nichts fühlte. Ein Mädchen voller Leere. Keine Emotionen, keine Freude, kein Lachen, nichts. Ich merkte, dass etwas nicht stimmte, dass es wieder in die falsche Richtung ging – wieder einen Schritt zurück. In das Loch, aus dem ich mich für eine kurze Zeit befreit hatte.

Nach langem Hin und Her gestand ich es mir ein: *Ich bin magersüchtig. Ich habe eine Essstörung und alleine schaffe ich es nicht mehr raus.* Lange wollte ich es mir nicht eingestehen aber jetzt war mein Wille da. Und diesmal war er stärker als diese Stimme in meinem Kopf.

Ich erzählte meiner Mutter, dass ich nun bereit für eine therapeutische Hilfe sei. Gemeinsam informierten wir uns über diverse Kliniken, bis wir eine passende gefunden hatten. Meine Mutter führte ein Telefonat nach dem anderen. Mit der Krankenversicherung, mit Kliniken, mit Institutionen, von denen ich nicht einmal wusste, dass sie hierbei eine Rolle spielen. Doch nach bereits wenigen Tagen kam der erlösende Anruf – ich konnte in zwei Wochen aufgenommen werden. Als ich diese Nachricht hörte, weinte ich. Warum? – Aus Angst, Erleichterung und Freude zugleich. Aber ich wollte es. Ich wollte diese Stimme in meinem Kopf endlich besiegen. Ich wusste: ICH BIN STARK. Mit diesem Willen fuhr mich mein Vater nach Hessen in die Klinik. Als ich mich von meiner Mutter verabschiedete, fiel eine tonnenschwere Last von ihr ab. Später erzählte sie mir, wie viel Stress, Zeit und Kraft sie allein das Telefonieren gekostet hatte. Sie war erleichtert und ich glaube, mein Vater auch – auch wenn er es nicht zeigen konnte.

Die ersten Tage fielen mir schwer. Ich fühlte mich allein und weinte viel. Zu Beginn telefonierte ich noch täglich mit meiner Mutter, allerdings lebte ich mich sehr schnell ein. Ich hatte ein eigenes Zimmer, tägliche Termine und ganz wichtig: eine Psychologin. Ich hätte mir keine bessere vorstellen können. Auch wenn ich wöchentlich nur ein Gespräch mit ihr hatte, brachte mir jedes einzelne extrem viel. Am Anfang fiel es mir sehr schwer mit ihr zu reden. Ich wusste nicht was. Ich wusste nicht, was sie von mir hören wollte. Doch mit jedem Treffen wurde ich offener. Die Gespräche wurden immer intensiver und tiefgründiger. Zu Beginn versuchte ich meine Tränen in den Gesprächen zu unterdrücken. Vor anderen zu weinen – das konnte ich nicht. Das habe ich noch nie getan. Doch mit der Zeit konnte ich auch das.

Und ganz ehrlich: Es hat gutgetan. Tief in mir habe ich immer geglaubt, zu weinen sei eine Schwäche. Aber das ist es nicht. Ganz im Gegenteil. Es ist das Loslassen von Ängsten und Problemen - genau das, was ich nie getan habe. Stattdessen habe ich alles verdrängt und versucht, stark zu wirken – was ich zu diesem Zeitpunkt keinesfalls war. Ich trug lediglich eine Maske, die mich stark wirken lies, die meine „Fehler" und „Makel" verdeckte. Eine Maske, die mich schützte. Vor weiteren Enttäuschungen, weiteren Angriffen. Sie ermöglichte es mir stets ein Lächeln im Gesicht zu haben, perfekt auszusehen und perfekt zu sein.

Gemeinsam erarbeiteten wir viele Dinge heraus, die mein Verhalten begründeten und mich belastet haben. Meine Freundschaften, die Trennung meiner Eltern, der Umzug, ... Ich war erstaunt, wie sehr alles zusammenhing und begann zu verstehen. Zu verstehen, weshalb ich mich in bestimmten Situationen so verhalten habe, wie ich es getan habe. Die Gespräche haben mir gutgetan. Ich habe aus ihnen sehr viel mitgenommen. Auch heute noch interessiere ich mich sehr für das Verhalten anderer Menschen und habe, sofern ich das behaupten darf, eine relativ gute Menschenkenntnis. Ich bin ihr wirklich dankbar. Für alles.

Zu Beginn meines Aufenthaltes nahm ich erst ab – trotz des „vielen" Essens. Dann, nach den ersten zwei Wochen, die Wende: Ich begann zuzunehmen. Schnell schenkte mir meine Psychologin ihr Vertrauen, was mich innerlich stärkte. Es stärkte sowohl mein Selbstbewusstsein als auch meinen Willen. Es bestärkte mich weiter zu machen. Mit der Zeit lernte ich viele neue Menschen kennen und jeder einzelne trug sein eigenes Schicksal mit sich: Burnout, Binge Eating, Bulimie, Depressionen, ADHS. Egal ob Schüler, Eltern, Lehrer, Studenten oder Azubi. Egal wie unterschiedlich wir waren, eins hatten wir alles gemeinsam: Wir waren alle hier in dieser Klinik.

Ich lernte Lara kennen, mit der ich heute noch Kontakt habe. Sie machte meinen Aufenthalt zu etwas Besonderem. Wir verstanden uns von Anfang an und unterstützen uns gegenseitig. Besonders in Sachen Selbstvertrauen und Selbstbewusstsein. Sei es durch das Nacktbaden, das Rausklettern aus dem Fenster, weil die Tür um die Uhrzeit noch nicht offen war, oder das Autofahren auf der Treppe. Ich war froh sie zu haben und hatte mich schon lange nicht mehr so frei und wohl gefühlt. Sie verstand mich und ich verstand sie. Wir erzählten uns alles und waren für diese Zeit unzertrennlich.

Mit anderen verbrachten wir die Tage und Abende zusammen. Spielten Fußball, machten Ausflüge nach Kassel oder genossen den Tag am See. Schnell empfand ich den Klinikaufenthalt nicht mehr als „Klinikaufenthalt", sondern als „Urlaub". Es mag verrückt klingen aber so war es. Ich fühlte mich so, als gäbe es kein Leben mehr außerhalb. Nur noch das Hier und Jetzt. Ich genoss die Zeit dort sehr. Ich lernte mich und meinen Körper wieder zu akzeptieren. Arbeitete meine Vergangenheit auf, lernte das Leben wieder zu lieben und vor allem: wieder zu essen — ohne schlechtes Gewissen. Für jedes Kilogramm mehr auf der Waage freute ich mich und begann mich dafür zu belohnen. Ich kaufte mir wieder Dinge, die ich mir lange Zeit nicht gegönnt hatte: Das ein oder andere Parfüm, eine Tasche, Schmuck oder andere Kleinigkeiten. Erst jetzt wurde mir bewusst, was ich mir in den letzten Jahren alles verboten hatte. Dinge, die für andere *normal* sind.

Mein Vater kam mich häufig besuchen –sogar häufiger als meine Mutter. Der Klinikaufenthalt hat uns einander wieder nähergebracht. Ich war wieder offener und sprach mit ihm über meine Essstörung, was ich davor nie gemacht habe und mir auch nie hätte vorstellen können. Aber auch er öffnete sich. Selten hatte ich mit ihm so tiefgründige Gespräche. Auch seine Beziehung litt unter meiner Krankheit und ich habe lange gebraucht, um dies zu merken und mich dafür zu entschuldigen. Es fiel mir schwer aber ich habe es getan. Und es war befreiend.

Meine Mutter besuchte mich einmal – und das sogar mit ihrem Freund. Ich glaube, dass auch er erleichtert war als er gesehen hat, dass es mir wieder besser ging. Ich strahlte wieder, hatte wieder ein gesundes Gesicht und ein lebendiges Lachen.

Natürlich gab es auch Patienten, die die Klinik wieder verließen oder die aufgrund ihres Verhaltens rausgeschmissen wurden. Mir wurde klar, dass eine Therapie nur dann funktioniert, wenn der Wille da ist. Der *eigene* Wille. Der Wille, die Krankheit und die Stimme im Kopf zu besiegen. Wieder glücklich und frei zu sein. Das Leben wieder genießen und seine Zeit nicht mehr mit Essensgedanken verbringen zu wollen. Es war der Glaube an mich selbst, der mich raushole. Auch ich hatte Tage, an denen es mir schlecht ging. Auch ich hatte Tage, an denen ich meine Freunde vermisste, meine Mutter vermisste. Ich weiß noch ganz genau, als ich an einem Abend mein Fresubin bei der Schwester abholte und vor lauter Heimweh in Tränen ausbrach. Sie schaute mich an und meinte, ich müsse einfach wieder mehr essen und könne meine Mutter dann bald wiedersehen. Es war nicht der Satz, der mich beschäftigte, sondern die Art und Weise wie sie es gesagt hatte. Sie gab mir das Gefühl, immer noch nicht richtig essen zu können. Dabei war ich zu dieser Zeit schon auf dem Weg der Besserung. Ich fühlte mich angegriffen und ärgerte mich über sie. Ich aß doch schon wieder „normale" Portionen – ja, es fiel mir tatsächlich schon relativ schnell wieder leicht, eine für die Therapeuten „normale" Portion zu essen und sogar noch mehr zu essen. Häufig holte ich mir noch zusätzlich ein Fresubin, was ich hätte eigentlich schon längst nicht mehr nehmen müssen. Doch all das sah sie nicht. Sie sah nur ein dünnes, weinendes Mädchen, das Heimweh hatte. Dabei waren es gerade diese Tränen, die mich motivierten. Ich wusste: Es gibt keinen anderen Weg. Diese Tränen zeigten mir immer wieder, aus welchem Grund ich dort war. Sie erinnerten mich jedes Mal daran, was ich nach meinem Aufenthalt alles erleben und genießen konnte.

Der Aufenthalt zeigte mir, dass ich alles schaffen kann, wenn ich fest an mich glaube – auch in schweren Zeiten. Erst während meines Aufenthaltes bin ich wirklich stark geworden und ich bereue keine einzige Sekunde. All die Tränen, die gegossen sind, haben sich gelohnt. Nach knappen vier Monaten war ich ein neuer Mensch. Ein neuer Mensch mit einer Ausstrahlung, einer eigenen Persönlichkeit und einem Lächeln – aber diesmal einem echten Lächeln.

Nun, etwa drei Jahre später, studiere ich Marketing an einer Hochschule, wohne allein und treibe wieder Sport – nicht aus Zwang, sondern aus Leidenschaft. Er war es, der mir nach dem Klinikaufenthalt die Kraft gab. Er war es, der mir half, weiter zuzunehmen. Meine Vorstellung von einem schönen weiblichen Körper änderte sich. Keine abgemagerten Frauen, die täglich zwei Stunden auf dem Stepper verbringen und sich danach mit einem Salatblatt zufriedengeben. Nein. Frauen mit einer schönen weiblichen Form und Muskeln – da wollte ich hin. Ich informierte mich über Training, Ernährung und alles rund um „Fitness". Erst jetzt verstand ich wie wichtig das Essen ist und vor allem was ich alles Essen kann! Häufig staunt meine Mutter, über die Portionen, die ich esse. Aber ich weiß nun, wie ich mit dem Essen umzugehen habe. Ich weiß inzwischen, dass es keine schlechten Lebensmittel gibt, dass man auch mit Burger, Eis und Co einen gesunden Lebensstil führen kann. Allerdings, und das schockt mich ehrlich gesagt sehr, ist dieses Wissen in unserer heutigen Gesellschaft noch nicht überall etabliert. Viel zu wenige setzen sich mit dem Thema Ernährung auseinander – zumindest *umfassend* auseinander. Ich habe gemerkt, dass es im Internet, und besonders auf Social Media, viele Menschen gibt, die mit falschen Informationen und einer einseitigen Sichtweise um sich werfen. Sie sind praktisch das Sprungbrett in die Essstörung. Natürlich gilt das nicht für alle. Und natürlich gehört auch immer etwas an Eigeninteresse und Eigeninitiative dazu. Allerdings gibt es das heutzutage immer weniger. Dabei sind das zwei Themen, die enorm wichtig sind. Denn erst durch Eigeninitiative und Eigeninteresse habe ich herausgefunden, wie sehr ich meinem Körper geschadet habe. Was ich ihm alles angetan habe. Wie schlimm es eigentlich ist, als junge Frau die Periode zu verlieren. Zu Beginn dachte ich, dass das nicht so schlimm sei. Doch inzwischen weiß ich, dass es als junge Frau enorm schädlich ist. Hormone, deren Auswirkungen auf den Körper sowie deren Notwendigkeit. Dinge, mit denen ich mich vor und während meiner Essstörung nie befasst habe. Dinge, die mir auch kein Arzt jemals gesagt hat. Ich wusste zwar, dass ich meinem Körper damit nichts Gutes getan habe, dass sie mich die Folgen allerdings mein ganzes Leben lang begleiten werden, wusste ich nicht.

Mittlerweile gehe ich in der Woche fünf bis sechs Mal trainieren und habe seit dem Beginn mit dem Kraftsport schon einiges zugenommen – Muskeln und natürlich auch Fett. Aber das stört mich nicht. Denn, durch das Wissen, das ich mir angeeignet habe, weiß ich inzwischen, wie der Körper auf bestimmte Dinge reagiert. Dass das Gewicht täglich schwankt und nicht alles ist. Ich achte nun vielmehr auf mein Spiegelbild. Früher war ich davon überzeugt, wenn man einmal eine Essstörung hat, wird man sie immer haben. Heute sehe ich das anders. Ich bin davon überzeugt, dass ich die Essstörung sehr gut bewältigt habe, zumindest was das Essverhalten angeht. Mit den Folgen muss ich leben – da bin ich, hart gesagt, selbst schuld. Allerdings hat heutzutage jeder in irgendeiner Weise ein gestörtes Essverhalten. Wichtig ist nur, dass man diesem nicht viel Aufmerksamkeit schenkt, sich nicht allzu sehr verrückt macht. Es gibt weitaus wichtigere Dinge im Leben als dünn zu sein.

In den letzten zwei Jahren habe ich gemerkt ich, wie sehr mich diese Zeit geprägt hat. Ich habe viele Dinge ausprobiert, um einen Weg zu finden, den *ich* gehen wollte – *meinen* Weg. Schnell wurde mir klar, dass ich anderen Menschen helfen möchte. Stellte sich nur noch die Frage wie. Schon des Öfteren wurde ich mit dem Thema Network Marketing konfrontiert – richtig auseinandergesetzt hatte ich mich allerdings bis zu dem Zeitpunkt noch nicht. Also recherchierte ich und fand eine Person auf Social Media, die in diesem Bereich hauptberuflich tätig war und es auch noch immer ist. Ich stellte ihr einige Fragen und informierte mich zusätzlich auch selbst über das Prinzip und das Unternehmen, dessen Produkte sie verkaufte. Jetzt, im Nachhinein, gestehe ich mir ein, dass ich nur Negatives gelesen habe – es aber ignoriert habe. Ich wollte es nicht wahrhaben. Ihre positive Einstellung, ihre Offenheit und besonders ihre Videos faszinierten mich. Ein Team, zahlreich positiv gestimmten Menschen. Menschen mit einem wahnsinnigen Mindset und beeindruckenden Erfolgsgeschichten. Mir war klar:

Ich möchte dorthin, wo sie sind. So versuchte ich Menschen zu überreden, überteuerte Produkte – deren Sinnhaftigkeit in Frage gestellt werden kann – zu verkaufen, ihnen Hoffnungen zu machen und sie in den Glauben zu bringen, dass sie nur mit diesen Produkten ihren körperlichen Zielen erreichen könnten. Und um mein Team weiter aufzubauen, redete ich anderen ein, mit dieser Vorgehensweise finanzielle Freiheit zu erreichen.

Ein Team, wöchentliche Zoom-Calls und Events, die wir gemeinsam besuchten. Tausende von Personen, die von Motivation nur so strotzen, die dieselbe Denkweise und Einstellung haben, wie ich. Personen, die anderen Menschen helfen wollen und gemeinsam an ihren Zielen arbeiten. Ich war glücklich – und um ehrlich zu sein, so glücklich wie schon lange nicht mehr. Das erste Mal in meinem Leben spürte ich, welche Energie aus tausenden von positiven Menschen entstehen kann. Von Menschen, die dieselbe Denkweise, dieselbe Einstellung haben. Ich habe gemerkt, wie wichtig ein positives Umfeld ist und wie wichtig es ist, sich mit positiven Menschen zu umgeben. Ich habe mich wohl gefühlt – bis ich merkte, dass nicht alles glänzt, was Gold ist. Wir hatten alle dasselbe Mindset, strotzten alle vor Motivation – mit dem kleinen aber bedeutsamen Unterschied: Sie können damit leben, ihren Erfolg auf der Hoffnung, der Ahnungslosigkeit und Naivität anderer Menschen aufzubauen. Ohne schlechtes Gewissen können sie damit leben andere auszunutzen und sich damit ihre eigenen Reisen zu finanzieren. Sie können es – ich nicht. Lange haderte ich mit mir. Ich konnte es mir nicht eingestehen, dass ich mich in etwas verrannt und geirrt hatte. Ich konnte doch nicht etwas anfangen und so schnell wieder aufhören. Ich war davon überzeugt, endlich das gefunden zu haben, was ich ein Leben lang machen wollte: Anderen Menschen zu helfen, sie zu motivieren und zu inspirieren. Allerdings nicht auf diese Weise. So entschloss ich mich, auszusteigen – nach nicht einmal zwei Monaten. Es fiel mir schwer – meinem Ego. Aufgeben, das gibt es für mich nicht. Aber das war es auch nicht. Grundsätzlich nehme ich aus jeder Situation etwas Positives mit. Selten ärgere ich mich über etwas, das passiert ist. Dinge passieren, weil sie passieren müssen. So war das Network Marketing eine Erfahrung, wenn auch eine teure, die ich machen musste, um herauszufinden, wie ich anderen helfen kann. So habe ich auf diese Weise die Antwort auf die Frage „Wie?" gefunden: Mit einem Buch.

Mit meinen gesammelten Erfahrungen aus meiner Vergangenheit möchte ich anderen, die eine schlimme Zeit durchgemacht haben, oder sie gerade durchmachen, helfen. Ich weiß, dass ein Teil meiner Geschichte für viele spricht. Egal ob Schicksalsschläge, Mobbing, Ängste, Zwangsstörungen, Süchte oder andere Höhen und Tiefen. Es sind alles Themen, die immer eine Rolle spielen werden. Es sind Themen und auch Probleme, die man einer Person nicht direkt ansieht. In einer Zeit wie heute, sind wir dafür prädestiniert, Makel zu verstecken. Wir wollen und müssen *perfekt* sein. „Fehler" und „Schwächen" dürfen nicht gezeigt werden. Die Folge: Wir entwickeln eine Maske. Eine Maske, die uns schützt, die uns verdeckt –

unsere Persönlichkeit, unseren Charakter und unsere Probleme. Aber das ist nicht die Art und Weise, wie wir uns verhalten oder wie wir mit unseren Problemen umgehen sollten. Das Leben ist zu schade, um sich zu verstecken und zu verbiegen nur, um der „Norm" zu entsprechen.

Mit meiner Geschichte möchte dich motivieren und dir zeigen, dass alles möglich ist – du musst nur fest an dich glauben. Ich möchte dir zeigen, wie schön das Leben sein kann. Dass es kostbare Zeit ist, die du genießen solltest. Ich möchte dir zeigen, wie wichtig es ist, deinen *eigenen* Weg zu gehen, *eigene* Entscheidungen zu treffen, *eigene* Träume zu verwirklichen und das Beste und Schönste aus *deiner* Zeit rauszuholen.

Ich möchte meine Erkenntnisse, die ich in dieser Zeit gewonnen habe, mit dir teilen. Meine Persönlichkeit und meine Einstellung haben sich grundlegend geändert. Ich möchte dir erklären, inwieweit mich meine Essstörung und die Zeit danach geprägt haben und weshalb ich in gewisser Weise auch froh bin, sie durchlebt zu haben. So ist dieses Buch nicht nur für diejenigen geeignet, die Ähnliches durchmachen oder durchgemacht haben. Es spricht ebenso diejenigen an, die weiter an sich arbeiten möchten. An ihrer Persönlichkeit, ihrer Einstellung – ihrem Mindset.

Aufbau

Das Buch ist in zwei Teilen aufgeteilt. Im ersten Teil habe ich dir bereits meine Geschichte erzählt und möchte dir im Anschluss 10 Dinge mitgeben, die ich in dieser Zeit gelernt habe.

Der zweite Teil setzt sich aus mehreren Kapiteln zusammen, in denen ich dir aufzeigen möchte, wie sehr sich dein Gedanken – dein Mindset – auf dein Leben auswirken. Deine Motivation, dein Denken, deine Einstellung – alles hängt von ihnen ab. Die Themen überschneiden sich teilweise, was allerdings den Zusammenhang noch einmal verdeutlicht. Manchmal hilft es uns, Dinge häufiger zu lesen und immer wieder auf sie aufmerksam gemacht zu werden, denn Menschen vergessen. Aus diesem Grund soll dieses Buch kein „einmal lesen Buch" sein, sondern vielmehr ein „ich erinnere dich Buch". Durch ständiges Erinnern lernen wir. Wir lernen besser zu werden, unser Leben selbst in die Hand zu nehmen und zu ändern, wenn es uns nicht gefällt, wo wir uns gerade befinden. Und um damit zu beginnen, gibt es kein bestimmtes Datum. In jedem Augenblick hast du die Möglichkeit anzufangen.

Also, worauf wartest du.

10 Dinge,
die ich in dieser Zeit gelernt habe

II VOR DEINEN PROBLEMEN WEGZULAUFEN IST EIN RENNEN, DAS DU NIEMALS GEWINNEN WIRST

Probleme begegnen uns fast täglich. Unser ganzes Leben besteht geradezu aus ihnen – was aber keinesfalls schlecht ist. Probleme helfen uns zu wachsen, uns weiterzuentwickeln und stärker zu werden. Wichtig ist, dass wir uns bewusst sind, dass sie sich nicht von selbst lösen. Es gibt drei Möglichkeiten, wie du mit einem Problem umgehen kannst:

1. Du läufst vor deinem Problem davon.
2. Du akzeptierst das Problem – handelst aber nicht.
3. Du tust alles, was in deiner Macht steht und kämpfst gegen das Problem an.

Bevor du handelst, rate ich dir das „Problem" erst einmal klar zu definieren. Handelt es sich wirklich ein „Problem"? Zur Unterstützung können dir folgende Punkte helfen:

- Stellt das „Problem" eine Bedrohung für dich dar?
- Bereitet dir das „Problem" Ärger?
- Ist es eine schwer zu lösende Aufgabe?
- Hat das „Problem" negative Auswirkungen auf dein Leben?
- Ist das „Problem" langfristig oder ist es nur von kurzer Dauer?
- Wenn eine andere Person die Situation betrachten würde, würde sie es ebenso als „Problem" bezeichnen?

Trifft keines davon zu, ignoriere es – dann ist es kein Problem. Wenn es nur vorübergehend ist, akzeptiere es. Du wirst sehen, dass es nicht so schlimm ist, wie du im Augenblick meinst. Meist wird es dir sogar helfen. Aber darauf werde ich später noch genauer eingehen. Je nach dem was das „Problem" ist, kannst du dessen Dauer auch beeinflussen und dem „Leiden" ein Ende setzen, indem du zu handeln beginnst.

Nicht selten verwechseln wir Probleme mit Dingen, die wir als unangenehm empfinden – als etwas Neues oder etwas Ungewöhnliches. Sollte dies der Fall sein, dann überlege noch einmal genau, ob es sich wirklich um ein Problem handelt oder lediglich etwas ist, an das du dich erst gewöhnen musst. Häufig vorverurteilen wir Situationen zu schnell.

Nachdem du für dich das „Problem" definiert hast und zu dem Entschluss gekommen bist, dass es tatsächlich ein Problem darstellt, liegt es nun an dir, wie du dich entscheidest zu reagieren. Ich denke es ist einleuchtend, dass die dritte Option – du stellst dich dem Problem – die Richtige ist. Probleme lösen sich nicht von selbst und Probleme entstehen auch nicht ohne Grund. Finde den Grund heraus und überlege, ob du etwas daran ändern kannst. Sollte es etwas komplizierter sein, dann zerbreche dir nicht allzu sehr den Kopf. Suche nicht krampfhaft nach jemanden, der schuld an der Sache ist und steigere dich nicht sinnlos in etwas hinein, das du nicht ändern kannst. Das Problem ist da und sollte, optimalerweise, gelöst werden. Darum: Finde Lösungen. Es ist sinnlos, deine ganze Energie in Dinge reinzustecken, die du nicht ändern kannst. Stell dir vor, du würdest diese Energie für das Finden einer Lösung verwenden.

Anhand meines Problems möchte ich dir veranschaulichen, wie ich mein Problem damals hätte angehen sollen:

Schritt 1: Definiere das Problem

Freundinnen entfernten sich von mir und ich begann mich komisch zu fühlen, mich zurückzuziehen und an mir selbst zu zweifeln.

Schritt 2: Handelte es sich tatsächlich um ein Problem?

War es von Dauer?

Ja, es zog sich über ein Schuljahr hinweg und hätte sich wahrscheinlich auch noch durch weitere Schuljahre hinweg durchgezogen (wenn ich die Situation so hingenommen hätte).

Beeinflusste es mein Leben?

Ja. Ich fühlte mich ausgeschlossen, allein und war verletzt, sodass ich mich immer mehr zurückzog und schließlich depressiv wurde.

<u>Fazit:</u> Ja, es war ein Problem und entwickelte sich später zu einem noch größerem.

Schritt 3: Finde den Grund heraus

Das gegenseitige Ausspielen und Aufhetzen einer Person. Die Eifersucht, die Angst, der Neid und die Missgunst erklärte letztendlich ihr Verhalten.

Schritt 4: Hättest du den Grund ändern können?

Nein. Neid und Eifersucht sind ein Resultat aus Angst und der Unzufriedenheit mit sich selbst. Das daraus resultierende Verhalten überdeckt lediglich die eigenen Selbstzweifel. Das einzige, was ich hätte machen können und müssen, wäre ein Gespräch mit ihr zu führen. Ich hätte das Problem direkt ansprechen müssen, denn so weiß sie bis heute nicht, dass ihr Verhalten gegenüber anderen nicht in Ordnung war.

Erst im Nachhinein wurde mir bewusst, dass ich nicht richtig gehandelt habe. Jahrelang habe ich das Problem mit mir herumgetragen. Ich habe Lebensqualität verloren, gute Freunde verloren, mein Lachen verloren. Und das Schlimmste ist: Sie wusste nicht einmal davon. Sie wusste nichts von meinen ganzen Gedanken, die ich in mir trug. Sie wusste nichts von meinen Gefühlen, die mich innerlich zerrissen haben und die ich nicht richtig zuordnen konnte. Angst, Einsamkeit und Wut waren nur wenige davon. Sie wusste davon nichts. Hat es sich gelohnt mich über sie aufzuregen? Mich immer wieder hineinzusteigern? Nein. Wieso? Weil es nichts gebracht hat. Es wäre sinnvoller gewesen, die Energie und Kraft, die ich noch hatte, für das Finden einer Lösung zu nutzen und mit ihr zu reden – wozu ich allerdings nie den

Mut hatte. Stattdessen bin ich vor meinen Problemen weggelaufen, habe die Schule gewechselt. Mach nicht denselben Fehler. Du hast die Chance und nun auch das Wissen anders zu handeln. Du kannst entscheiden, ob du dich deinen Problemen stellst oder vor ihnen wegläufst. Es liegt ganz und allein an dir.

II KÄMPFE UM DAS, WAS DICH WEITER-BRINGT. AKZEPTIERE DAS, WAS DU NICHT ÄNDERN KANNST UND TRENNE DICH VON DEM, WAS DICH RUNTERZIEHT

Du wirst immer Personen in deinem Umfeld haben, die nicht dieselbe Ansichtsweise oder Denkweise wie du besitzen. Personen, die dir einreden, du seist nichts wert und könntest deine Ziele niemals erreichen. Sie glauben weder an dich und dein Potential noch an das, was wirklich in dir steckt. Es sind Personen, die dich in irgendeiner Art und Weise runterziehen. Durch persönliche Angriffe, Beleidigungen, Demütigungen, Enttäuschungen – es gibt viele Möglichkeiten. Was dich allerdings am stärksten beeinflusst, ist ihre Negativität. Ständige Nörgelei, Aussichtslosigkeit und pausenloses Schlechtreden. Ihr Pessimismus wirkt sich auf deine Lebensauffassung und deine Haltung aus – häufig, ohne es überhaupt zu merken.

Es lähmt dich. Es lähmt dich Dinge zu tun, die *du* tun möchtest, die *du* für richtig hältst. Aber weil du förmlich von ihnen umzingelt bist, es nicht anders gewohnt bist und auch nichts anderes zu hören bekommst, glaubst du ihnen. Du glaubst ihnen, dass du nichts wert bist, zu nichts fähig bist, nichts kannst und dadurch auch nichts erreichen wirst. Ihre Worte haben sich in deinen Kopf eingebrannt und verewigt. Du hörst auf zu träumen. Von deinen Zielen. Von deinen Plänen, die du in deinem Leben hast. Trenne dich von diesen Menschen. Sie schaden dir mehr als sie dir guttun. Sie hemmen dich in deinem Wachstum – egal ob persönlich oder beruflich. Mit ihnen an der Seite wirst du nicht weit kommen. Du wirst für immer auf der Ebene bleiben, auf der sie sich gerade befinden - und auch für immer befinden werden. Aber das Leben, *dein* Leben, besteht aus zahlreichen Ebenen, die du alle erfahren kannst. Zahlreiche Ebenen mit unendlich vielen Chancen und Möglichkeiten. Allerdings wirst du sie nie ergreifen können, wenn du dich weiter auf ihrer Ebene aufhalten wirst. Denn dort wirst du mit einer – oder besser gesagt mit *ihrer* Brille durchs Leben gehen. Sie setzen dir ihre Brille auf, durch die du ihre Welt siehst. Deine geht dabei völlig unter.

Umgibst du dich hingegen mit Menschen, die dich unterstützen, die dieselbe Einstellung haben, die an dich glauben, die dich auf deinem Weg begleiten und ein Teil deines Plans sind, dann hast du die „richtigen" Menschen gefunden. Sie wollen dir nichts Schlechtes. Sie gönnen dir jeden Erfolg und glauben an dich und dein Potential. Mit ihnen bereust du keine einzige Minute, denn du weißt wie viel sie für dich bedeuten. Dass sie dich schätzen – genauso wie du sie. Du weißt, dass sie dir guttun. Es sind Freunde.

Lerne zu erkennen, wer dir wirklich Gutes will und wer nicht. Auch ich habe so eine Erfahrung durchmachen müssen. Während meiner Essstörung habe ich schnell gemerkt, wer wirklich ein Freund war und wer nicht. Von denen, die es nicht waren, habe ich mich entfernt. Es klingt hart aber so war es. Es bringt nichts zahlreiche „Freunde" zu haben, die in Wahrheit gar keine Freunde sind. „Freunde", die ihre Bedürfnisse und ihre Probleme in den Vordergrund stellen. „Freunde", die in schweren Zeiten nicht für dich da sind – auch wenn du immer für sie dagewesen bist. Freundschaft beruht auf Loyalität und Vertrauen. Werte, die nur auf dem Prinzip der Gegenseitigkeit entstehen können. Ich bin ehrlich: Heutzutage kann ich meine Freunde an einer Hand abzählen aber das finde ich nicht schlimm. Ganz im Gegenteil, ich bin froh darüber. Ich weiß ganz genau, dass ich mich auf sie immer verlassen kann. Und das ist viel mehr wert als zahlreiche „Freundschaften" zu haben, die in Wirklichkeit keine sind.

Natürlich fällt es uns schwer, uns von Menschen zu trennen – wir haben Angst. Häufig kennt man sich schon seit dem Kindergarten, hat einiges erlebt und durchgemacht. Aber wir alle entwickeln uns. Unsere Interessen, unsere Denkweisen und unsere Ansichten – sie ändern sich, wir ändern uns. Und wenn wir uns das nicht eingestehen, werden wir uns auch nicht *weiter*-entwickeln können. Ich möchte damit nicht aufrufen, dich von all deinen „Freunden", die nicht eins zu eins deine Einstellungen haben oder nicht dieselben Interessen haben wie du, zu trennen. Nein. Ich möchte, dass du lernst *deinen* Weg zu gehen. Dich von den Menschen zu entfernen, die dich runterziehen – mit ihrer Negativität oder persönlichen Angriffen. Denn du hast etwas Besseres verdient. Du musst keine Angst vor Einsamkeit haben. Strahlst du positive Energie aus, wirst du auch positive Menschen anziehen. Neue, großartige Menschen. Menschen, die so denken wie du.

Menschen, die dich so lieben wie du bist. Du entscheidest darüber, wen du in dein Leben lässt. Mit wem du deine Zeit verbringst. Wer dich auf deinem Weg begleitet. Du bist derjenige, der bestimmt, ob du glücklich bist. Kein anderer.

II WIE PERFEKT WÄRE DEIN LEBEN, WENN DU NICHT SO PERFEKTIONISTISCH WÄRST?

In der Phase meiner Essstörung, und auch noch eine lange Zeit danach, zog sich der Perfektionismus wie ein roter Faden durch mein Leben. Nichts durfte schief gehen. Selten bin ich ungeschminkt aus dem Haus gegangen. Zuspätkommen kam für mich nie in Frage. Hausaufgaben waren für mich ein Muss. Ich wollte immer die Beste sein und sowie jemand besser war, nagte es an mir – an meinem Ego. Allerdings trug ich dies nie nach außen. Ja, ich wollte *perfekt* sein. Die *perfekte* Schülerin, die *perfekte* Tochter, die *perfekte* Schwester. Und wenn etwas schiefgelaufen ist, ärgerte ich mich. Ich ärgerte mich über meine Tollpatschigkeit, dass ausgerechnet mir so etwas passieren muss. Gedanken wie „*Ich bin so dumm*" oder „*War ja klar, dass mir das passiert*" schossen mir sofort durch den Kopf. Erkennst du dich in diesem Denkmuster wieder?

Es scheint zunächst nichts Außergewöhnliches zu sein aber jeder einzelne Gedanke, mit dem du dich selbst schlecht redest, staut sich an. Tag für Tag wächst der Berg an negativen Gedanken. So lange, bis irgendwann ein kleines Selbstbewusstsein und ein fehlender Glaube an sich selbst die Folgen sind.

Häufig neigen wir dazu, den Perfektionismus dafür zu nutzen, um stark zu wirken. Allerdings sind stark *wirken* und stark *sein* zwei unterschiedliche Dinge. Zum „Starksein" gehört so vielmehr dazu. Oft sind es die kleinen Dinge, die uns erst stark machen, über die wir uns aber gar nicht bewusst sind. Auch ich strebte immer nach Perfektion und Starkwirken. Das „Starkwirken" war allerdings nur eine Fassade. Eine Schutzmaske, hinter der ein kleines unsicheres Mädchen steckte. Ein Mädchen, das Angst hatte Fehler zu machen. Ein Mädchen mit geringem Selbstbewusstsein. Ein Mädchen, das durch ihren Perfektionismus ihre Makel bedecken wollte.

Was aber sind „Makel"? Ist es schlimm, nicht „perfekt" zu sein, nicht die Beste zu sein, nicht immer alles einhundert Prozent richtig zu machen? Die Antwort lautet: Nein. Unsere „Makel" und „Fehler" machen uns menschlich. Sie bilden Charakter. Stelle dir selbst einmal folgende Frage: Umgibst du dich eher mit Menschen, die perfekt zu sein scheinen? Die immer danach streben, der oder die Beste zu sein? Die so sehr in ihrem Perfektionsstreben sind und die anderen dabei völlig vernachlässigen? Oder aber mit denen, die nicht „perfekt" sind? Mit denjenigen, die „Makel" haben? Makel, die wir an ihnen lieben und schätzen. Und genau dasselbe gilt für dich: Deine Makel schätzen andere an dir. Sie machen deine Persönlichkeit aus. Sie machen dich menschlich und einzigartig. Durch sie wirst du sympathischer, authentischer. Und wenn du dir über deine „Makel" und „Fehler" bewusst bist, sie dir eingestehst und zu ihnen stehst, dann bist du tatsächlich *stark.*

Da ich selbst das Extreme durchgemacht habe, möchte ich dir ein paar Tipps geben, die mir da-

mals sehr geholfen haben, etwas „unperfekter"
zu werden:

Verspäte dich.

Bei dem nächsten Treffen mit deinem
Freund/deiner Freundin kommst du zehn Minuten
später. Du wirst sehen, es ist nicht schlimm.

Notiere deine Gedanken.

Wenn dir das nächste Mal etwas passiert, beispielsweise dir ein Glas auf den Boden fällt, notiere dir deinen ersten Gedanken, der dir in diesem
Moment durch den Kopf geschossen ist. Werte
anschließend – circa eine Woche später – aus,
ob es überwiegend negative Gedanken sind
oder ob du über die Situation lachen musstest.

Akzeptiere Fehler.

Wenn dir ein Fehler unterlaufen ist und du Ärger
von deinem Chef bekommst, sehe es positiv: Du
hast die Chance, deinem Chef zu beweisen, dass
du es besser machen kannst. Fehler passieren.
Lerne sie zu akzeptieren und weiterzumachen,
denn nur sie helfen dir dabei, besser zu werden.
Lass dich nicht entmutigen. Aus deinen Fehlern
wirst du mehr lernen als aus deinen Erfolgen.

Natürlich schadet ein gesundes Maß an Perfektionismus nicht, sondern kann in bestimmten Situationen sogar sehr hilfreich sein. Sobald er dich

jedoch stresst, er zum Zwang wird und andere darunter leiden, schadet er dir mehr als er dir hilft. Finde die Balance zwischen den Extremen: Eine zu große Gelassenheit ist nicht hilfreich und ein zu großer Perfektionismus ebenso wenig. Aus beiden Extremen das gesunde Mittelmaß zu finden, ist nicht einfach. Es ist ein Prozess. Mit jedem Mal wird es dir leichter fallen. Und irgendwann wirst du *deine* Mitte finden.

II HILFE ANZUNEHMEN IST KEIN ZEICHEN VON SCHWÄCHE, SONDERN EIN ZEICHEN VON STÄRKE

Viel zu oft sind wir uns zu stolz die Hilfe anderer anzunehmen. Die Stimme in dir, dein Ego, ist davon überzeugt, Dinge selbst zu schaffen – ohne die Unterstützung anderer. Häufig sind es gerade diese Menschen, die auch scheitern. Nicht aber aufgrund mangelnder Disziplin oder Ehrgeiz. Nein, viel mehr auf Grund ihres Stolzes. Sie sind der Meinung, andere würden über sie lachen, nur weil sie fremde Hilfe annehmen. Weil sie nicht genug Kraft haben, Dinge alleine zu schaffen. Weil sie nicht stark genug sind. Aber ist es nicht gerade ein Zeichen von Stärke, Hilfe anzunehmen? Zu erkennen und zu akzeptieren, dass man ab einem bestimmten Punkt alleine nicht mehr weiterkommt? Dass jemand anderes mit einem anderen Blickwinkel vielleicht helfen könnte?

Ich selbst bin eine Person, die erst versucht, Dinge allein zu schaffen und dann, wenn ich wirklich nicht mehr weiterkomme, Hilfe in Anspruch nimmt. So war es auch bei meiner Krankheit: Erst nach zahlreichen Höhen und Tiefen habe ich mir eingestanden, dass ich es selbst nicht aus der Essstörung schaffen werde. Mir wurde bewusst, dass ich mir zu viel zu gemutet habe und es ohne therapeutische Hilfe nicht schaffen würde. Ich bin mir sicher, dass auch du solch eine Situation bereits erlebt hast. Die Tatsache, dass wir es allein nicht schaffen werden, wird uns häufig leider erst zu spät bewusst – manchen von uns sogar nie.

Ständig erleiden sie Niederschläge, Misserfolge und treten auf der Stelle. Ein Kampf, den sie nie gewinnen werden. Leichter wäre es, sich einzugestehen, dass ein Weiterkommen mit der bisherigen Einstellung nicht möglich ist.

Aus diesem Grund: Sei dir nicht zu stolz Hilfe anzunehmen. Niemand wird dich belächeln oder niedermachen nur weil du Hilfe annimmst. Hilfe anzunehmen ist ein Zeichen von Stärke. Ein Zeichen von Selbstbewusstsein. Ein Zeichen von Selbstvertrauen. Dir selbst einzugestehen, dass du auf diese Art und Weise nicht weiterkommst und Hilfe benötigst – ganz egal wie viel Energie, Disziplin und Zeit du bereits in etwas reingesteckt hast. Häufig genügt ein neuer Denkanstoß oder ein Blickwickel aus einer anderen Perspektive, um fortzufahren. Oder, wie in meinem Fall, professionelle Hilfe. Leute, die Profis in diesem Gebiet sind und deren Job es ist, das zu tun, worin du dich schwertust. Wieso solltest du Zeit für Dinge investieren, die dich nur verrückt machen und du am Ende dort stehst, wo du angefangen hast. Nicht umsonst gibt es Menschen, die das beruflich machen oder sich sehr gut in diesem Gebiet auskennen. Es erspart dir nicht nur Nerven, sondern auch Zeit. Zeit, die du mit sinnvolleren und schöneren Sachen verbringen kannst.

Ich möchte damit nicht behaupten, dass du von nun an nur noch die Hilfe anderer in Anspruch nehmen sollst und nichts mehr selbst erledigen musst. Lerne abzuschätzen, wann es wirklich sinnvoll ist, die Hilfe anderer anzunehmen und wann du nicht doch lieber selbst Zeit und Aufwand in etwas investieren solltest. Denn schließlich sollst du nicht bei jedem kleinen Problem um Hilfe beten. Lese dich in neue Themengebiete ein, lerne selbstständig und eigenverantwortlich zu arbeiten. Ansonsten wirst du immer bei deinem aktuellen Wissensstand bleiben. Außerdem wird es wird dir langfristig mehr nützen – du benötigst manchmal einfach etwas mehr Zeit, um gewisse Dinge besser zu verstehen. Letztendlich wird dich niemand – und wenn, dann nur sehr wenige – fragen, *wie* du es geschafft hast, sondern *was* du geschafft hast. Das einzige was sie sehen werden, ist dein Ergebnis.

II HINDERNISSE UND SCHWIERIGKEITEN SIND STUFEN, AUF DENEN WIR IN DIE HÖHE STEIGEN

- Friedrich Nietzsche

Wir Menschen streben nach *mehr*. Wir wollen *mehr* erreichen. Wir wollen ein größeres Haus besitzen, einen besseren Job haben, mehr Geld verdienen. Doch nur Wenige sind auch dazu bereit, *mehr* zu geben. Mehr Zeit in die eigenen Träume und Ziele zu investieren. Sich geduldig einen Plan auszuarbeiten, in dem sie ihre Ziele festlegen und eine Strategie entwickeln, wie sie ihr Leben leben wollen, um glücklich zu sein. Ihre Zeit in *Weiter*-bildungen investieren, die sie persönlich und auch beruflich *weiter*-bringen.

Faulheit, Bequemlichkeit und Gleichgültigkeit - Gewohnheiten, die unser Wachstum hemmen. Sie stellen eine Schutzmauer dar, sodass es uns nicht gelingt, aus unserer Komfortzone auszubrechen. Menschen, die ihre Komfortzone ein Leben lang nicht verlassen, werden für immer in einer geschützten Umgebung bleiben. Sie haben einen sicheren aber langweiligen Job, bei dem sie sich jeden Montagmorgen zur Arbeit zwingen müssen. Sie fahren morgens pünktlich um acht Uhr zur Arbeit und abends um siebzehn Uhr wieder nach Hause. Dort wartet ihre Familie in einem schönen Einfamilienhaus und wenn es das Wetter zulässt, verbringen sie den restlichen Abend in ihrem wunderschönen Garten. Sie drehen sich Tag für Tag in ihrem Hamsterrad. Denn dort haben sie die Kontrolle. Die Sicherheit, dass ihnen nicht nichts passiert. Sie leben das Leben wie neunzig Prozent aller Menschen.

Aber wofür brauchen sie eine Schutzmauer? Wovor wollen sie sich schützen? Herausforderungen begegnen ihnen erst dann, wenn sie ihre Komfortzone verlassen. Wenn sie die Schutzmauer ihrer Gewohnheiten durchbrechen. Wenn sie die „extra Meile" gehen, um ihre Ziele zu erreichen. Sie selbst entscheiden wo, wie hoch und wie weit entfernt sie ihre Schutzmauer und Komfortzone ansetzen. Sie selbst setzen sich ihre Grenzen. Sie haben Angst, zu groß zu träumen. Sich zu hohe Ziele zu setzen. Haben Angst, sich selbst zu enttäuschen. Sie glauben nicht fest genug an sich selbst, an ihre Fähigkeiten und das Potenzial, das in ihnen steckt. Sie glauben nicht an ihre Ziele und all die anderen Dinge, die sie erreichen wollen. So setzen sie ihre Ziele nicht hoch genug. Genauso wie sie selbst, befinden sich auch ihre Ziele innerhalb ihrer Komfortzone. Sie erfordern keinen hohen Einsatz, keine „extra Meile". Jeder könnte ihre Ziele erreichen. Sie träumen realistisch, sodass sie nichts verlieren – nicht enttäuscht zu werden. Sie bleiben für immer in ihrer bunten, schönen und langweiligen Welt.

Habe den Mut zu träumen! Gehöre zu den zehn Prozent der Menschen, die träumen! Setze dir so hohe Ziele, dass sie sogar für dich unrealistisch scheinen. Dass andere dich für verrückt halten. Setze dir Ziele, die dich morgens motivieren aufzustehen. Auf dem Weg dorthin wirst du dich immer wieder neuen Herausforderungen stellen müssen, aber keiner hat behauptet, dass es einfach wird. Wir Menschen brauchen Herausforderungen, die uns stärker machen. Neue Situationen, neue Abenteuer, Veränderungen. Die meisten werden zweifeln. Vielleicht werden sie nicht sofort umkehren aber spätestens bei der zweiten oder dritten Hürde verlieren sie den Glauben an sich selbst. Die Euphorie nach dem „mehr" lässt so langsam nach. Genauso wie ihr Mut, ihr Wille und ihr Ehrgeiz. Ihnen fehlt es an Durchhaltevermögen und Disziplin. Hoffnungslos und entmutigt kriechen sie zurück in ihre Komfortzone. Sie haben Angst zu verlieren. Angst sich zu blamieren und Angst, Fehler zu machen. Aber du hast den Willen, die Kraft und die richtigen Menschen um dich herum, die dich auf deinem Weg begleiten. Du wirst es schaffen, denn verlieren kannst du nicht. Verlieren werden diejenigen, die umkehren. Du aber wirst weitermachen. Du wirst trotz „Scheitern" weiterhin deine Träume verfolgen. Denn du hast dir vorgenommen, dass deine Träume zu Zielen werden. Ziele, die du erreichen wirst. Von Niederlagen wirst du dich nicht unterbringen lassen. Niederlagen sind für dich Situationen, in denen du deinen Mut, Ehrgeiz, Disziplin und Durchhaltevermögen unter Beweis stellen kannst. Du wirst (d)einen Weg finden. An jeder Herausforderung wirst du wachsen. Du wirst sicherer, in dem was du tust. Du wirst selbstbewusster, selbstsicherer und schlauer. Aus *Fehlern* lernst du.

Nehme dir jeden Tag vor, deinen Zielen einen Schritt näher zu kommen. Stelle dir täglich kleine Herausforderungen. Herausforderungen stellen für jeden etwas anderes dar. Dem einen fällt es schwer auf Leute zuzugehen, dem anderen hingegen das Essen in der Öffentlichkeit. Verurteile niemanden für dessen Ängste oder Herausforderungen. Denn jeder, der gegen seine Ängste ankämpft und sie nicht mehr als „Angst" bezeichnet, sondern als „Herausforderung", ist ein Kämpfer. Ein Kämpfer, der es verdient hat zu gewinnen. Jedes Mal, wenn du dich deinen Ängsten und Herausforderungen stellst, wirst du stärker und sicherer. Und irgendwann wird es für dich keine Herausforderung mehr sein. Dann bist du bereit für die nächste noch größere Herausforderung.

II SEI STOLZ AUF DICH. NIEMAND AUSSER DIR WEISS, WIE VIEL KRAFT, TRÄNEN UND VER- TRAUEN ES DICH GEKOSTET HAT DORT ZU SEIN, WO DU JETZT BIST

- Marianna Jermakova

„Ich bin stolz auf mich."

Hast du diese fünf Wörter schon einmal ausgesprochen? Nein? – Dann tu es, jetzt. Viel zu selten sind wir uns darüber bewusst, was wir bereits alles erreicht haben. Angefangen mit dem Führerschein, dem Abitur oder einer anderen großen Herausforderung, die uns Überwindung gekostet hat. Ebenso wie die Tatsache, dass man gewisse Dinge sehr gut kann. Es gibt zahlreiche Ereignisse, auf die wir stolz sein können – auch wenn sie zunächst lächerlich erscheinen. *Stolz auf meinen Führerschein, stolz auf meine Fähigkeiten?* Ja. Oft sind es Dinge, die für uns selbstverständlich sind und denen wir keine große Bedeutung geben. Wir sind der Meinung, dass jeder diese Situation hätte bewältigen können. Aber das stimmt nicht. Jeder einzelne hätte anders gehandelt und wäre anders an die Sache herangegangen. Hör damit auf, großartige Dinge, die du geleistet hast, klein zu reden. Hör damit auf, ihnen keine Aufmerksamkeit zu schenken und sie als selbstverständlich anzusehen. Hör damit auf, dich schlecht zu reden und führe dir deinen Erfolg immer wieder vor Augen. Stell dich vor den Spiegel und spreche es aus: *„Ich bin stolz auf mich."*

Diese fünf Worte sind magisch. Magisch aus dem Grund, da sie einiges in dir bewirken können. Von dem Moment an, in dem du sie aussprichst, nimmst du dir Zeit für dich. Zeit dafür, dir deine Erfolge bewusst zu machen. Darüber nachzudenken, wie du es geschafft hast, was du gut gemacht hast oder was du vielleicht auch hättest besser oder anders machen können. Du schenkst deinen Erfolgen Aufmerksamkeit. Du gibst ihnen eine Bedeutung. Du gibst *dir* eine Bedeutung. Durch das ständige Totschweigen und dem Kleinreden deiner Erfolge, verleihst du ihnen, und auch dir, weniger Wert. Unbewusst redest du dir ein, nichts zu erreichen. Du redest dich und deine Erfolge klein. Es kann zu einem sinkenden Selbstbewusstsein, Selbstwertgefühl und Glaube an sich selbst führen, was sich wiederum in einem unsicheren Auftreten und Handeln sichtbar macht. Das alles geschieht in deinem Inneren, in deinem Unterbewusstsein. Häufig kommt es sogar soweit, dass sich das auf die gesamte Einstellung zum Leben auswirkt: Die Art und Weise wie du Herausforderungen angehst, deine Gedanken am Morgen, deine Denkweise über dich selbst, ... Aus diesem Grund ist es so extrem wichtig, dir deine Erfolge bewusst zu machen und ihnen eine größere Bedeutung zu geben.

Vergleiche dich dabei nicht mit anderen und deren Erfolge. Jeder startet aus einer anderen Ausgangssituation. Jeder hat eigene Probleme und Schicksalsschläge, die von außen nicht zu sehen sind. Daher ist es sinnlos, sich an anderen zu messen. Sei dein eigener Maßstab. Deine Aufgabe ist es, besser als dein gestriges Ich zu sein.

Du bist du. Sei stolz auf dich und führe dir das immer wieder vor Augen.

Als eine kleine Übung hier eine Aufgabe: Schreibe dir fünf Dinge auf, auf die du stolz bist. Das können die banalsten Dinge sein. Der Sinn und Zweck dahinter ist lediglich, dass du dir über deine bisherigen Erfolge nachdenkst. Als kleine Hilfestellung zeige ich dir einen Ausschnitt aus meiner Liste:

Ich bin stolz darauf, ...

... meine Essstörung bewältigt zu haben.

... mein Abitur erfolgreich abgeschlossen zu haben.

... sagen zu können, dass ich Sport nun aus Leidenschaft mache und nicht mehr aus Zwang.

... dass ich ehrlich zu mir selbst bin.

... wenn ich alles von meiner täglichen To-Do Liste erledigt habe.

Du siehst, es müssen nicht immer materielle Dinge sein, auf die du stolz sein kannst. Für mich sind, aufgrund meiner Vergangenheit, das Meistern von persönlichen Herausforderungen Erfolge. Natürlich gibt es mehr als fünf Dinge, auf die du stolz sein kannst, vorerst reichen diese jedoch aus. Finde heraus auf was du stolz bist. Und vielleicht fallen dir sogar noch mehr ein.

Das Voraugenführen der eigenen Erfolgserlebnisse ist keinesfalls eingebildet oder hochnäsig. Zu behaupten, dass du stolz auf deine geleistete Arbeit bist, auf vergangene Ereignisse, auf die eigenen Fähigkeiten – auf die Person, zu der du geworden bist, ist ein Zeichen von Stärke, von *wahrer* Stärke. Es drückt deine Selbstakzeptanz und deine innere Zufriedenheit aus. Und das, ist das Schönste, was du ausstrahlen kannst.

II KOMPLIMENTE SIND DAS GRÖSSTE LOB, DASS DU JEMANDEM GEBEN KANNST

Neid, Eifersucht und Missgunst dominieren in unserer heutigen Gesellschaft. Traurig, dass das Vergeben von Komplimenten etwas Außergewöhnliches darstellt. Menschen sind überrascht und fühlen sich nicht angesprochen, wenn ein Fremder ihnen ein Lob oder etwas anderes Positives ausspricht. Dabei sollte es doch eigentlich „normal" sein, andere in dem zu bestätigen, was sie guttun. Ihnen Komplimente zu geben und sie zu begrüßen, ganz gleich ob man sie kennt oder nicht.

Heutzutage wird niemandem mehr etwas gegönnt. Der hart erarbeitete Erfolg, die gute Figur, für die sie sich tagtäglich disziplinieren, die Familie, die so perfekt zu scheinen mag oder die Bluse, die eine junge Dame gerade trägt. Anstelle zu gratulieren, Glückwünsche auszusprechen, sie zu unterstützen, in dem was sie tun oder ein einfaches Kompliment zu vergeben, betrachten wir sie. Innerlich beneiden und bewundern wir – äußerlich zeigen wir jedoch keine Reaktion. Wir schauen sie an und schweigen. Unsere Blicke wandern vom Kopf bis zu den Füßen – das Gesicht bleibt währenddessen ausdruckslos, starr und gefühlslos. Und nachdem wir diese Person bis aufs letzte Detail gemustert haben, gehen wir weiter als wäre nichts gewesen. Was zurückbleibt ist eine Person mit Erfolg. Eine Person, mit einer wunderschönen Figur oder eine Person mit einer schönen Bluse. Zugleich aber auch eine Person, die soeben etwas unsicherer geworden ist. *„Habe ich etwas falsch gemacht?"*, *„Hängt mir was im Gesicht?"* oder manch einer wird sogar denken: *„Ich weiß, ich bin nicht hübsch. Schau mich bitte nicht an."* Mit nur einem Blick kann das ganze Selbstbewusstsein zerstört werden – wenn auch nur für einen kurzen Moment. Doch ist das wirklich nötig? Möglicherweise fanden wir die Haare oder die Bluse schön und dachten uns *„Wow, wo sie die nur gekauft hat. So eine möchte ich auch."* Doch angekommen ist bei der Person gegenüber etwas ganz anderes.

Ich bin mir ziemlich sicher, dass auch du schon einmal eine Situation wie diese erfahren hast – ganz egal in welcher der beiden Rollen. Besonders Frauen deuten solche Blicke häufig falsch. Viel zu selten vergeben wir, Frauen und auch Männer, Komplimente. Ich habe schon erlebt, dass sich Frauen nicht einmal angesprochen fühlten, als ich mit ihnen geredet habe. Sie waren verwundert darüber, dass eine fremde Person ihnen Komplimente für ihre Bluse, Hose oder Sonstiges gegeben hat. Wie würdest du dich fühlen, wenn dich jemand Fremdes für das, was du tust, lobt, dir ein positives und ehrliches Feedback gibt, dir Komplimente verteilt, ihren Respekt für das, was du erreicht hast oder derzeit machst, ausspricht? Es wird dich innerlich stärken. Es wird dich bestärken weiterzumachen und nicht aufzugeben. Es wird dir Kraft schenken. Allerdings solltest du Dinge niemals für andere machen. Nehme Komplimente niemals als Bestätigung, sondern als Ansporn weiterzumachen.

Auch du wirst glücklicher, wenn du Komplimente oder Zusprüche vergibst. Dieser Augenblick, in dem der dir Gegenüber beginnt zu lächeln, seine Augen größer werden und beginnen zu leuchten – macht dich das nicht auch glücklich? Nehme dir vor, jeden Tag einer (fremden) Person ein Kompliment zu geben, sie zu loben oder deinen Respekt für ihren Erfolg auszusprechen. Sei ehrlich und lass sie an deinen Gedanken teilhaben. Über angemessene Komplimente freut sich jeder – auch du.

II DER MOMENT, IN DEM DU AUFHÖRST DIR GEDANKEN DARÜBER ZU MACHEN, WAS ANDERE VON DIR HALTEN UND DU ANFÄNST SO ZU LEBEN WIE DU ES MÖCHTEST, IST DER MOMENT IN DEM DU ENDLICH FREI BIST

Eines der wichtigsten Dinge, das mir erst nach und nach bewusst geworden ist, ist der Meinung anderer eine nicht allzu große Bedeutung zu geben. Mir keine Gedanken mehr darüber zu machen, was andere über mich denken oder von mir halten. Inzwischen habe ich gelernt, dass das, was ich von mir selbst halte, das einzige ist, was zählt. So ist es mir egal, ob mich andere mögen oder nicht. Mir ist es egal, wenn ich ungeschminkt und total gammelig einkaufen gehe. Mir ist es egal, ob ich für andere „perfekt" bin oder nicht, denn ich weiß, dass ich für mich „perfekt" bin. Ich bin so wie ich bin und dazu stehe ich.

Ich habe lange gebraucht, um diese Einstellung zu bekommen. Aber ab dem Zeitpunkt, an dem ich begonnen habe, so zu denken und zu leben, habe ich gelernt, so zu handeln, wie ich es in diesem Moment für richtig halte. Ich habe gelernt, meinen eigenen Weg zu gehen und nicht den, den alle anderen gehen. Dass das Leben zu schade ist, um für alle „perfekt" zu sein und mich so zu verhalten, dass mich jeder mag. Ich habe keine Lust mein Leben, mein Verhalten, mein Tun und Handeln nach anderen auszurichten nur, um ihnen zu gefallen. Es ist *mein* Leben. *Ich* möchte frei sein. Mit *meinen* Entscheidungen *eigene* Erfahrungen sammeln, die Welt mit *meinen* Augen sehen und mir ein *eigenes* Bild verschaffen – ohne von anderen beeinflusst zu werden.

Aus dem Grund anders zu sein, haben wir Angst. Wir haben Angst, aus der Masse herauszustechen, uns von ihr zu trennen und unseren *eigenen* Weg zu gehen. Denn Menschen, die „anders" sind, werden angestarrt. Über sie wird geredet. Dabei ist es doch eigentlich nichts Schlimmes, *anders* zu sein, einen *anderen* Weg zu gehen. Ich denke, der wahre Grund für dieses „Außergewöhnliche" liegt an den anderen selbst. Sie tragen eine Brille, mit der sie lediglich ihren eingeschränkten Horizont sehen und all die Möglichkeiten und Chancen ausblenden. Sie übertragen ihre Erfahrungen, ihre Ängste und ihre Denkweisen auf andere. Nur weil sie etwas nicht erreicht haben, bedeutet es nicht, dass andere es nicht erreichen können.

Von dem Moment an, an dem du beginnst auf sie zu hören, dein Handeln nach ihnen auszurichten und dich an ihnen zu orientieren, bleibst du in *ihrer* Komfortzone, in *ihrem* Horizont. Du ziehst *ihre* Brille auf und überträgst *ihre* Sichtweise auf *deine*. Wenn du ständig auf andere hörst, nach *ihren* Gefallen, nach *ihren* Erfahrungen, nach *ihren* Denkweisen und *ihren* Ängsten handelst, wirst du immer dort bleiben, wo du dich gerade befindest – nämlich dort, wo sie sich befinden. Du wirst die Welt niemals durch deine eigene Brille sehen und entdecken können. Du wirst Chancen und Möglichkeiten nicht ergreifen können, da dich *ihre* Ängste und *ihre* Zweifel anstecken und festhalten.

Es ist eine Kunst, die du erlernen und eine Fähigkeit, die du entwickeln musst. Es ist eine Einstellung, die nicht viele besitzen. Aus diesem Grund ist es etwas *Besonderes und Außergewöhnliches*, *anders* zu sein und anders sein zu *können*. Den Mut zu haben und zu sich, zu seiner Persönlichkeit, zu seinen Entscheidungen und Handlungen zu stehen. Und wenn wir einmal ehrlich sind, ist es doch erstrebenswert *anders* zu sein. Nichts schränkt unser persönliches Wachstum so sehr ein, wie das eigene Leben nach anderen auszurichten und sich an ihren Vorstellungen zu orientieren. Erst wenn wir damit beginnen, alles um uns herum auszublenden, uns auf uns selbst und unseren Weg zu konzentrieren, werden wir uns weiterentwickeln.

Traurig, dass wir erst mutig sein müssen um anders zu sein. Es sollte *normal* sein, so zu sein, wie man sein möchte ohne, dass andere zu reden beginnen. Es sollte *normal* sein, anders zu sein. Denn nur wer anders ist, ist einzigartig.

II GENIESSE DIE KLEINEN AUGENBLICKE IM LE-
BEN UND WARTE NICHT AUF DIE GROSSEN

Momente besitzen eine unheimliche Kraft. Sie sind so kraftvoll, dass sie uns verändern. Sie verändern unsere Einstellung. Unsere Stimmung. Unsere Ansichtsweise. Oft wünschen wir uns, Momente ein weiteres Mal erleben zu dürfen. Aber Momente sind einzigartig. Einzigartig, kraftvoll und magisch. Die Kunst ist es, Momente wahrnehmen zu können. Sie zu genießen und schätzen zu lernen. Dankbar zu sein.

Kleine Dinge, die dein Empfinden positiv verändern können: Das Vogelgezwitscher auf dem Weg zur Arbeit. Die Sonnenstrahlen, die dich morgens wecken. Das Lied, das gerade im Radio läuft und dich an eine bestimmte Person erinnert. Es gibt zahlreiche Momente, die deine Wahrnehmung an jedem einzelnen Tag verändern können. Momente sind einzigartig. Lerne sie wahrzunehmen und zu genießen. Blende für einen kurzen Moment alles um dich herum aus. Spüre, wie die Sonnenstrahlen über dein Gesicht wandern. Hör, wie die Vögel im Garten zwitschern und genieße den Moment, wenn dein Lieblingslied kommt. Diese Dinge sind in diesem Moment das einzige, was für dich Bedeutung hat. Vergiss den gestrigen Streit mit deiner Freundin oder deinem Freund. Denke nicht an das Projekt, das nächste Woche ansteht. Was gestern geschehen ist, ist geschehen und was morgen passieren wird, wird passieren. Weder die Vergangenheit noch die Zukunft kannst du beeinflussen.

67

Du kannst sie nicht beeinflussen, fühlen oder steuern. Das einzige, was du tun kannst, ist diesen Augenblick wahrzunehmen. Lass den Moment den Moment sein und genieße ihn, denn du wirst ihn nie mehr so erleben können wie in diesem Augenblick.

Es hört sich merkwürdig an aber vielen Menschen ist die Kraft eines Augenblickes nicht bewusst. Von dem Moment an, an dem du beginnst aufmerksam zu sein, auf die kleinen Dinge im Leben zu achten, sie wahrzunehmen, zu genießen und auch dankbar dafür zu sein, wirst du zufriedener. Zufriedener mit dir selbst. Und das strahlst du auch aus. Du wirst und wirkst positiver – in allem was du tust. Du startest glücklicher in den Tag, bist offener und freundlicher zu anderen Personen. Du gehst optimistischer mit täglichen Herausforderungen um. Du bist zufriedener mit deinem Leben, weil du glücklich über die kleinen Dinge bist. Bei dem täglichen Spaziergang freust du dich über die Stille in der Natur. Über die Vögel, die zwitschern. Über das Rauschen der Bäume. Du freust dich über das „Hallo" einer wildfremden Person. Über die gemeinsame Zeit mit deinen Freunden und deiner Familie. Wenn du damit beginnst, wertvolle Momente bewusst wahrzunehmen, zu schätzen und dankbar zu sein, wirst du instinktiv zufriedener und glücklicher mit deinem eigenen Leben.

Vor meinem Klinikaufenthalt habe ich Momente nicht wirklich wahrgenommen. Ich lebte Tag für Tag und ignorierte all die schönen Dinge, welche um mich geschahen. Erst während und nach meinem Aufenthalt habe ich gelernt, Momente mit Bewusstsein wahrzunehmen und zu genießen. Nicht an morgen oder an die nächsten Wochen zu denken. Einfach im Hier und Jetzt zu sein und den Moment den Moment sein zu lassen.

Damit auch du lernst, Momente zu genießen und wahrzunehmen, möchte ich dir ein paar Tipps mitgeben, die mir damals geholfen haben:

Lerne, die kleinen Dinge im Leben zu schätzen.

Oft sind es Momente, die für dich so unscheinbar klein erscheinen aber zugleich auch so unfassbar schön und wohltuend sind. Genieße sie. Sie geben dir Kraft und Energie.

Sei dankbar.

Sei dankbar für all das, was du hast: Familie, Freunde, Gesundheit, Bildung, … Nichts ist selbstverständlich. Zudem ist es der erste Schritt, um die kleinen Dinge im Leben schätzen zu lernen.

Momente sind kostbar.

Wenn du mit deinen Freunden oder deiner Familie Zeit verbringst, genieße sie. Du weißt nie, wieviel Zeit du noch mit ihnen hast.

Momente sind einzigartig.

Du wirst Momente nur einmal im Leben erleben. Nie wieder wirst du diese erneut mit exakt denselben Gefühlen, Gedanken und Menschen wahrnehmen. Viel zu oft blicken wir sehnsüchtig auf Momente zurück. Du lebst nur einmal und genauso er-lebst du nur einmal.

Momente gibt es zahlreiche,
die Kunst ist es sie auch bewusst wahrzunehmen.

II DIE KUNST IST ES, AUCH IN SCHWEREN ZEITEN DAS POSTIVE ZU SEHEN

Abschließend möchte ich dir das letzte und zugleich auch das wichtigste Geheimnis verraten, um ein positives Leben zu führen: Bereue nichts. Immer wieder wirst du Situationen erleben, die anders ablaufen werden als du geplant hast. Du wirst dich Herausforderungen stellen müssen, die du nicht in dem Ausmaß meistern wirst, wie du es dir vorgestellt hast. Menschen werden sich von dir oder du von ihnen trennen. Menschen, ohne die du dir früher kein Leben hättest vorstellen können. Es werden Dinge geschehen, die zunächst hoffnungslos und aussichtslos erscheinen. Aber Dinge passieren, weil sie passieren müssen.

Die Situation selbst wirst du nicht mehr ändern können. Was du ändern kannst, ist deine Einstellung über die Situation.

Es bringt dich nicht weiter, wenn du ständig daran denkst, was du aufgegeben oder verloren hast. Egal wie viel Energie, Kraft und Zeit dich etwas gekostet hat – versuche immer das Positive aus einer Situation mitzunehmen. Du hast Erfahrungen gesammelt, Fähigkeiten entwickelt, Kenntnisse hinzugewonnen, dir sind Dinge bewusst geworden, über die du noch nie nachgedacht hast. Nichts ist per se schlecht. Die Art und Weise wie du etwas wahrnimmst, interpretierst und damit umgehst, ist entscheidend. Vielleicht musste etwas passieren, damit sich für dich neue

Türen und Möglichkeiten öffnen. Nichts geschieht ohne Grund.

So bereue ich es nicht, eine Essstörung gehabt zu haben. Es war mit Sicherheit keine einfache Zeit aber ich habe sehr viel mitgenommen. Ich bin persönlich stärker geworden, habe mich enorm weiterentwickelt und bin viel offener geworden. Ich interessiere und beschäftige mich mit Themen, über die ich früher nie nachgedacht habe. Ich habe tolle neue Menschen kennengelernt. Mit einigen stehe noch immer in Kontakt und besuche sie in wildfremden und zugleich wunderschönen Städten. Früher hätte ich mir niemals vorstellen können, mit dem Bus alleine durch halb Deutschland zu fahren, alleine zu verreisen, Ausflüge zu machen oder auch einfach nur alleine ins Freibad zu gehen.

Ich wüsste nicht, wie mein Leben verlaufen wäre, wenn ich diese Zeit nicht durchgemacht hätte. Ich wüsste nicht, ob ich heute da wäre, wo ich jetzt stehe. Ich wüsste auch nicht, ob ich *mit diesen Personen* da wäre, wo ich jetzt bin. Kurzgefasst: Ich weiß es nicht aber das ist auch nicht wichtig. Viel wichtiger ist das Hier und Jetzt. Ich genieße jeden Moment. Egal ob alleine, mit der Familie oder mit Freunden. Ich bin dankbar – für alles. Auch für das, was ich durchgemacht habe. Jede Träne und all meine Niederlagen haben mich zu der Person gemacht, die ich heute bin. Ich bin gestärkt zurückgekommen und freue mich nun auf die nächste Herausforderung.

I fall. I rise.
I make mistakes.
I live.
I've been hurt but I'm alive.
I'm human.
I'm not perfect but I'm thankful.

Teil II

Das Mindset
– Wie es dein Leben verändert

Der Tag hat vierundzwanzig Stunden. Eintausendvierhundertvierzig Minuten. Sechsundachtzigtausendvierhundert Sekunden. Kostbare Zeit. *Deine* Zeit. Zeit, die du so gestalten kannst, wie *du* es willst. Zeit, die du mit Menschen verbringen kannst, mit denen *du* willst. Zeit, die du für *dich* hast. Die du für deine Leidenschaft, Familie und Freunde hast. Wie gestaltest du deine vierundzwanzig Stunden? Gehst du abends schlafen, ohne eine einzige Sekunde am Tag bereut zu haben? Verbringst du den Tag mit dem, was dir Freude bereitet? Mit deiner Leidenschaft? Mit welcher Stimmung stehst du morgens auf? Bist du ein Morgenmuffel oder springst du voller Elan aus dem Bett und kannst es kaum abwarten, in den Tag zu starten? –Genau um das geht es in diesem Teil des Buches.

Ich möchte dir erklären, inwieweit sich deine Gedanken auf dich auswirken. Auf deine Einstellung, deine Motivation – auf dein ganzes Leben. Mein Ziel ist es, dir zu zeigen, wie du eine Leidenschaft für deine Ziele entwickelst. Wie du kontinuierlich motiviert bleibst. Wie du ein Gedankenkonstrukt aufbaust, das dich ein Leben lang unterstützt – in allem was du tust.

Doch bevor wir damit beginnen, definieren wir zunächst das Wort „Mindset". Es ist elementar zu wissen, was eigentlich gemeint ist, wenn ich das Wort verwende. Solange dir das nicht klar ist, wirst du die nachfolgenden Kapitel nicht verstehen.

Mindset

Das Wort setzt sich aus zwei Bestandteilen zusammen: „Mind" und „set". *Mind* bedeutet übersetzt *Seele, Geist* oder *Gedanke*. *Set* steht für setzen, erstarren. Im übertragenen Sinne bedeutet es also „den Gedanken festlegen", also die „Grund"-einstellung. Es ist das, was du glaubst. Was du über dich denkst. Es begründet deine Entscheidungen, dein Verhalten. Kurz: Es ist deine Denkweise, deine Mentalität, deine Lebensphilosophie.

Dein Mindset entsteht nicht von heute auf Morgen. Kontinuierlich entwickelt es sich und wird niemals ausgereift sein. Äußere Einflüsse und all deine Erfahrungen prägen es. Es ist wichtig, dass du dein Mindset – dein Denken – selbst steuern kannst. Es so einzusetzen, dass du mit einer positiven Haltung durchs Leben gehst. Denn sobald ein anderer deine Denkweise und Einstellung beeinflussen kann, bist du gefangen. Gefangen in *seiner* Denkweise, in *seiner* Mentalität und in *seiner* Lebensphilosophie. Aber im Leben geht es um etwas anderes: Um *dich*.

Das Wichtigste, das du dir merken solltest ist Folgendes:

Das Mindset ist der Ursprung all deiner Gedanken. Es bestimmt, wie du Dinge wahrnimmst – positiv oder negativ. Dadurch wiederum werden deine Gedanken beeinflusst, welchen du instinktiv eine Bedeutung verleihst. Ob diese nun gut oder schlecht ist, kannst du über dein Mindset steuern. Du allein entscheidest, wie du Dinge bewertest. Du entscheidest, welche Bedeutung du ihnen gibst. Es liegt ganz bei dir.

Nimm dir gerne etwas Zeit für diese Zeilen und lese sie so lange durch, bis du sie verstanden hast.

Kapitel I

Ziele

Wir werden im Durchschnitt achtzig Jahre alt – Tendenz steigend. Wir haben das Glück, mehr aus unserer Zeit herausholen zu dürfen als die Menschen vor fünfzig Jahren. Wir *haben* die Chancen und wir *haben* die Möglichkeiten aber *nutzen* wir sie auch? Nutzen wir unsere Zeit wirklich sinnvoll? Investieren wir unsere Zeit in die Dinge, die uns selbst weiterbringen, die uns unseren Zielen ein Stück näherbringen und uns die Möglichkeiten bieten, unsere Träume zu verwirklichen? *Uns* zu verwirklichen?

Bevor wir gemeinsam starten, schauen wir uns den Begriff „Ziel" einmal genauer an…

Ziel

Ein Ziel ist ein in der Zukunft liegender erstrebenswerter Zustand. Im Voraus wird klar definiert, wie dieser aussehen soll. Auf Grund der Tatsache, dass es sich um einen *erstrebenswerten* Zustand handelt, handelt es sich um etwas Besonderes. Etwas, das nicht jeder besitzt und nicht unbedingt leicht zu erhalten ist. Es fordert etwas: Eine Veränderung. Würde man sich zu Beginn bereits in dem gewünschten Zustand befinden, wäre keine Veränderung notwendig. Es ist ein Prozess. Eine Reise, auf die wir uns begeben.

Ziel und Prozess

Das Ziel stellt einen Endpunkt dar – der Prozess den Weg dorthin. Wir selbst können entscheiden, wie hoch wir unser Ziel ansetzen, wie lang der Weg sein soll und in welcher Zeit wir es erreichen wollen.

Wir können also im Voraus schon einige Dinge festlegen.

Warum sollten wir uns Ziele setzen?

Es gibt Menschen, die drehen sich Tag für Tag in ihrem Hamsterrad. Sie gehen Arbeiten, um Geld zu verdienen und ihre Familie zu versorgen, sich das Auto zu finanzieren, um mit diesem wieder zur Arbeit zu fahren. Sie stecken ihre Zeit in ihre Familie und Arbeit. Sie *leben* für ihre Arbeit und ihre Familie. Aber das macht ihnen nichts – sie sind es nicht anders gewohnt. Und für manch einen ist das die Erfüllung vom Leben. Was aber ist mit ihnen selbst? Einige Menschen sind sich gar nicht darüber bewusst, dass sie sich in einem Trott befinden. Entweder sie leben Tag für Tag oder leben blind in ihren Tag hinein – was an manchen Tagen sicherlich auch gut für den Körper ist. Aber bietet das Leben nicht mehr als das? Herauszufinden, wieso man das Glück hat in einer Welt wie dieser zu leben. Zu lernen, die eigenen Fähigkeiten so einzusetzen, dass Chancen ergriffen und Dinge verändert werden können. Das Leben bietet zahlreiche Möglichkeiten, uns zu verwirklichen. Und Ziele helfen uns dabei – sie dienen als Orientierungshilfe.

Ein Ziel bleibt nicht für immer bestehen. Haben wir es erreicht, suchen wir uns das nächste, noch größere. Ziele helfen uns, unseren Weg zu finden, was wir erreichen möchten, wo wir uns in naher Zukunft befinden möchten. Sie helfen uns, unseren Sinn des Lebens – unser *Reason to live* – zu finden.

Zugleich sind Ziele auch immer mit Herausforderungen verbunden. Wäre es einfach, könnte jeder diesen Zustand erfahren. Auf dem Weg dorthin, während unserer Reise, werden wir immer wieder mit Hindernissen konfrontiert. Wir werden Situationen erleben, in denen wir zweifeln, erschöpft und müde sein werden. Aber genau in diesen Situationen werden wir wachsen. Egal ob persönlich oder beruflich. Herausforderungen prägen uns. Sie unterstützen unserem Wachstum.

Indem wir uns Ziele setzen, stellen wir Ansprüche an uns selbst. Wir wollen uns nicht enttäuschen und tun alles, um dieses Ziel – diesen Zustand – zu erreichen.

Ziele setzen

Wie du dir nun Ziele setzt, langfristig motiviert bleibst und nachhaltige Erfolge erzielen kannst, erkläre ich dir im Folgenden:

Zieldefinition

Bevor du dir überlegst wie du an dein Ziel gelangst, ist eine klare Definition deines Ziels notwendig. Im ersten Schritt ist es wichtig zu wissen, *was genau du erreichen möchtest.* Ganz egal ob materielle Dinge wie ein Auto oder immaterielle Dinge wie Gesundheit, Selbstbewusstsein oder Anerkennung. Ziele können auch persönliche erstrebenswerte Zustände sein. Möchtest du beruflich weiterkommen oder persönliche „Defizite" optimieren?

Nehme dir dafür genügend Zeit. Es ist nicht so einfach herauszufinden, was du erreichen möchtest. Setzte dir keine zu niedrigen Ziele – sie erzeugen keine Motivation. Setzte dir so hohe Ziele, sodass andere dich für verrückt halten. Ein Ziel, das dich herausfordert, dich jeden Tag motiviert und im Leben weiterbringen wird.

Zielkonkretisierung

Nachdem du dir ein Ziel gesetzt hast, konkretisierst du es. Viel zu oft setzten wir uns Ziele, wissen aber gar nicht so recht, wo wir überhaupt hinmöchten. Und das, obwohl wir uns ein Ziel gesetzt haben – ist das nicht widersprüchlich? Um das zu verhindern, legst du einen fixen Zeitpunkt fest, an dem du dein Ziel erreicht haben möchtest. Mache dabei nicht den Fehler, dein Ziel *so schnell wie nur irgendwie möglich* erreichen zu wollen. Nichts geschieht von heute auf Morgen. Alles braucht seine Zeit. Plane dir für deine Reise genug Zeit ein. Als Hilfestellung kannst du dir Zwischenziele setzen. Zum einen wirkt das „Oberziel" nicht mehr allzu weit entfernt und zum anderen, motivieren dich die „kleinen" Erfolge weiterzumachen.

Zielvisualisierung

Hast du nun dein Ziel für dich definiert und konkretisiert, schreibst du es auf. Die Art der Visualisierung ist dir selbst überlassen. Ein Vision Board ist eine schöne Möglichkeit, all deine Ziele festzuhalten. Kurz: In einem Vision Board verfestigst du all deine Ziele. Du kannst sie schriftlich festhalten oder graphisch mit Bildern. Der Vorteil daran, die eigenen Ziele aufzuschreiben beziehungsweise graphisch festzuhalten und aufzuhängen, ist folgender: Menschen setzen sich Ziele, verlieren sie allerdings schnell wieder aus den Augen. Dadurch, dass du sie nun aber vor dir hängen hast, wirst du jeden Tag an dein Ziel erinnert. Es motiviert dich weiterzumachen, dranzubleiben und immer alles zu geben. Die Wahrscheinlichkeit, dass du aufgibst ist gering. Denn dann müsstest du dein Vision Board entfernen und wegschmeißen – und das ist ein unangenehmes Gefühl. Du wirst dir zweimal überlegen, ob du deine Träume und Ziele wirklich zerreißen und in den Müll schmeißen möchtest.

Betrachtung der Ausgangslage

Bevor du nun überlegst, wie du dein Ziel erreichen möchtest, bildet eine Analyse der Ausgangssituation die Basis für das weitere Vorgehen. Es ist sinnlos auf etwas aufzubauen, ohne ein richtiges Fundament zu haben. Je nach Ziel fällt die Analyse größer oder kleiner aus. Habe keine Angst vor dem Begriff Analyse. Es handelt sich lediglich um das Betrachten des aktuellen IST-Zustands. Es ist nicht nur wichtig zu wissen, welche

„Defizite" oder Probleme du verändern möchtest, sondern auch wo du gerade stehst. Wie viel Gewicht du zu- oder abnehmen musst. Wo du dich bewerben musst oder welches Institut den Weiterbildungskurs anbietet. Nur auf diese Weise kannst du den nächsten Schritt sinnvoll gestalten.

Zielstrategie

Nachdem du nun weist, *was* du erreichen möchtest, legst du nun eine Strategie fest: *Wie* erreichst du dein Ziel, *wie* gehst du vor? Überlege dir, wie du zu deinem erstrebenswerten Zustand gelangst. Allein oder mit Hilfe? Dokumentierst du die Erfolge der einzelnen Etappen? Wenn ja, dokumentierst du jede Woche oder nur alle zwei Wochen? Auch hier gilt: Nehme dir genug Zeit, um dein Vorgehen zu planen. Informiere dich, lese Bücher, schaue Videos, frage Personen, die Erfahrung in diesem Bereich haben. Sammle all deine Informationen, bilde daraus dein Fundament und baue *deine* Strategie darauf aus. *Dein* Vorgehen. Nur weil Person XY auf eine bestimmte Art und Weise sein Ziel erreicht hat, musst nicht auch du es auf diese Art und Weise machen. Finde *deinen* eigenen Weg. Sammle *deine* eigenen Erfahrungen. Und das Wichtigste: Tu es! Fang an. Sofort. All unser Wissen bringt uns nichts, wenn wir es nicht anwenden. Wenn wir es nicht durch unsere Fehler, Niederlagen und Erfahrungen erweitern und immer weiter aufbauen. Es kann eine Weile dauern, bis du den „Richtigen" gefunden hast. Nicht selten wird eine zuvor festgelegte Strategie verworfen. Umstände ändern sich oder es geschehen Dinge, die du nicht beeinflussen kannst.

Daher ist es wichtig, nicht zu sehr an einer Strategie festzuhalten. Sobald du merkst, dass sie nicht funktioniert, entwickle einen neuen Plan. Du lernst dazu und kannst dein weiteres Vorgehen auf deinen Erfahrungen und dazugewonnen Wissen aufbauen. Lass dich nicht unterkriegen. Lege los und entwickle eine Leidenschaft für deine Ziele.

Kapitel II

Motivation

Morgens. Vieruhrdreißig. Zeit aufzustehen. Sie behaupten man wäre verrückt. *„Um diese Uhrzeit aufstehen? Da bin ich ja noch im Tiefschlaf."* Oder *„Das ist doch nicht normal, du spinnst."* Aussagen von Menschen, die Ausreden finden. Statt nachzufragen, was einen dazu antreibt, begründen sie weshalb sie es nicht tun oder nicht tun *können*. Sie verstehen es nicht und wollen es auch nicht verstehen. Das einzige was sie sehen ist das Frühaufstehen – nicht aber das große Ganze. Sie kennen nicht das *„Warum"*.

Motivation – Was ist das?

Motivation ist tief im Menschen verankert. Es ist ein gedankliches Konstrukt, ein Ziel zu erreichen. Es zeigt auf, inwiefern man bereit ist Energie, Arbeit und vor allem Zeit in etwas zu investieren. Es sind Beweggründe, die zu einer Entscheidung oder Handlung anregen. Und getroffene Entscheidungen oder erbrachte Handlungen dienen hinwieder einem langfristigen Ziel.

Kurz gesagt: Es ist die treibende Kraft. Der innere Antrieb. Die Antwort auf das *„Warum?"*.

Intrinsische und extrinsische Motivation

Handelt eine Person durch äußere Anreize wie Geld oder einer Bestrafung, spricht man von extrinsischer Motivation. Erfolgt eine Handlung hingegen von der Person selbst, sei es aus Neugier oder einer Erfolgserwartung, ist von einer intrinsischen Motivation die Rede.

Menschen, die intrinsisch motiviert sind, strengen sich mehr an. Sie strengen sich mehr an, weil *sie* sich Dinge vorgenommen haben. Sie wollen sich persönlichen Herausforderungen stellen. Sie setzen sich Ziele – und meistens auch höhere als diejenigen, die extrinsisch Motiviert sind. Sie handeln mit einer ganz anderen Einstellung, mit einer ganz anderen Denkweise – mit einem ganz anderen Mindset. Sie glauben an ihren Erfolg. Und wenn sie einen Misserfolg erleiden, bleiben sie dennoch optimistisch. Sie lassen sich nicht von Niederlagen unterkriegen – sie haben ihr Ziel immer vor Augen. Sie wissen, wofür sie kämpfen.

Es ist wichtig eine intrinsische Motivation „*aufzubauen*". Ich benutze das Wort „aufbauen" deshalb vorsichtig, da Motivation nicht wirklich „aufgebaut" werden kann. Sie entsteht von selbst. Demnach gibt es keine Schritt-für-Schritt-Anleitung. Was du allerdings beeinflussen kannst, ist deine Einstellung. Deine Denkweise. Das Fundament deiner Motivation.

Glaube an deinen Erfolg.

Egal wie viele Menschen an deinen Erfolg nicht glauben, sei du die Person, die an ihn glaubt. *Dein* Glaube an *deinen* Erfolg. *Dein* Glaube an *dich* selbst. Das bringt dich zu dem Ort, den du erreichen möchtest. Nicht der Glaube anderer. Erfolg beginnt *in* dir.

Sei von dir und deinen Fähigkeiten überzeugt.

Jeder hat etwas, in dem er gut ist. Das ihn von anderen unterscheidet. Das ihn einzigartig macht. Auch Überzeugung entsteht *in* dir. *In* deinem Kopf. *In* deinen Gedanken. Und diese sind deine Einstellung. Deine Denkweise. Sie bilden den Glauben an dich selbst.

Zweifle nicht an dir und auch nicht an deinen Fähigkeiten. Sie haben dich an den Punkt gebracht, an dem du heute stehst und werden dich dort hinbringen, wo du dich siehst.

Setze dir Ziele zur Selbstverwirklichung.

Eigene Wünsche, Sehnsüchte, eigene Ziele. Sie zu realisieren, die eigene Persönlichkeit zu entfalten – das ist Selbstverwirklichung. Ein Zustand, den wir alle anstreben. Wir sprechen nicht mehr von der „klassischen Motivation", wenn wir uns Ziele setzten, mit denen wir uns selbst verwirklichen. Wir werden sie nicht verwerfen. Wir werden sie jeden Tag verfolgen, voller Elan aufstehen und sofort loslegen. Sie machen uns glücklich. Zufrieden mit uns selbst.

Unser Streben. Unser Wille. Unser Ehrgeiz – eine enorme Kraft, die sich entwickelt. Eine Kraft, die sich *in* uns entwickelt. Es sind unsere Ziele, die uns antreiben. Sie sind unsere Selbstverwirklichung. Nutze die Verwirklichung deiner selbst als inneren Antrieb.

Habe ein klares Bild von deinem Ziel.

Träume so groß wie möglich und konkretisiere so genau wie möglich. Die Bilder in deinem Kopf entscheiden darüber, was du in deinem Leben erreichst. Aus ihnen entstehen deine Gedanken und aus deinen Gedanken deine Einstellung und deine Einstellung ist dein Mindset und dein Mindset ist der Ursprung für alles – auch für deine Motivation.

Nutze die Kraft deiner Begeisterung.

Im Grunde genommen gleicht es dem dritten Punkt – mit der Ausnahme, dass es nicht dein Wille oder Ehrgeiz ist, der dich antreibt, sondern deine Begeisterung. Es gibt wenige Dinge, für die wir uns wirklich begeistern können. Bei denen wir Lust und Freude daran haben, etwas zu verändern. Für die wir uns quälen. Für die wir eine Hingabe entwickeln. Eine Leidenschaft. Es unterscheidet sie vom obigen aufgrund der Emotionalität. Gefühle haben eine immense Kraft. Nutze auch sie als innere Kraft. Als inneren Antrieb.

Wenn du dir nun die Frage stellst, ob du mit der richtigen Einstellung, dem richtigen Mindset, überhaupt noch Motivation brauchst, dann Glückwunsch. Du hast es verstanden.

Dein Erfolg entsteht *in* dir. Dein Glaube an dich selbst entsteht *in* dir. Deine Gedanken entstehen *in* dir. Deine Motivation entsteht *in* dir. Der Ausgangspunkt bist immer *du*. *Du* bestimmst deine

Denkweise. *Du* definierst deine Wahrnehmung. *Du* entscheidest darüber, wie du dich motivierst. *Du* und kein anderer.

Natürlich wird es immer wieder Aufgaben geben, die du nicht gerne machen wirst. Du machst sie aber, weil du sie machen *musst*. Du weißt, dass sie kein anderer erledigen wird. Du weißt, dass alles einen Zweck hat. Dass alles einen Sinn hat. Du hinterfragst nicht – du machst. Du brauchst nicht ewig bis du dich „aufraffst" – du machst. Du machst einfach, ohne zu zweifeln. Ohne darüber nachzudenken. Sobald du den tatsächlichen Sinn hinter einer Sache verstehst, wirst du keine Motivation mehr benötigen. Du weißt, der Sinn *ist* dein Ziel. Deine „Motivation" entsteht von selbst.

Kapitel III

Leidenschaft

Leidenschaft ist ein starkes Wort. Emotionen, Kraft, Liebe, Hingabe. Wörter, die wir damit in Verbindung bringen. Jemand ist *leidenschaftlich*. *Brennt* für etwas. Ist *Feuer und Flamme*. Jemand handelt aus eigener Überzeugung. Aus Herzen und voller Begeisterung. Leidenschaft ist vielfältig. Für die einen ist es das Fußballspielen, für die anderen das Kochen, die Fotografie, das Fahrradfahren oder das Klippenspringen. So unterschiedlich sie auch sein können, eins haben sie alle gemeinsam: Erfüllung. Die Verwirklichung seiner selbst. Mit unserer Leidenschaft drücken wir so vieles aus: Unsere Persönlichkeit. Unsere Liebe. Unsere Begeisterung. Unsere Hingabe. Uns selbst.

Was ist deine Leidenschaft? Wofür brennst du? Wofür nimmst du dir gerne Zeit? Was ist für dich keine „Zeitverschwendung"? Was tust du aus eigener Überzeugung, aus wahrer Freude, aus voller Begeisterung? Was ist für dich keine Verpflichtung, sondern Erfüllung? Was macht für dich das Leben lebenswert?

Leidenschaft. Ziele. Motivation.

Ich möchte das Thema noch einmal kurz mit den vorherigen Kapiteln zusammentragen, da Leidenschaft sehr eng mit dem Mindset, den Zielen und der Motivation in Verbindung steht. Im vorherigen Kapitel habe ich bereits erklärt, weshalb Motivation nicht unbedingt nötig ist und Begeisterung ein wichtiger Treiber deiner Motivation ist. Nun gehe ich noch einen Schritt weiter und sage: Wir ersetzen Motivation durch Leidenschaft.

Voraussetzung dafür ist immer intrinsische Motivation. Nur, wenn wir intrinsisch motiviert sind, ist unser Ziel nicht weiter unser Ziel, sondern unser Beweggrund. Unser Anlass. Wir *selbst* setzen uns dieses Ziel. Daher ist unser Ansporn noch größer. Das beeindruckende daran ist Folgendes: Ein Ziel ist immer mit einer Veränderung verbunden. Diese Veränderung erfordert eine Handlung. Gehen wir dieser nicht nach, werden wir unser Ziel niemals erreichen. Ohne Handlung keine Veränderung. Ohne Veränderung kein Erreichen unseres Ziels. Die Handlung ist also Grundvoraussetzung. Da wir intrinsisch motiviert sind, handeln wir aus Überzeugung. Mit Willen und Ehrgeiz. Wir beschließen uns, jeden Tag etwas für unser Ziel zu tun. Die nötige Handlung wird zur Routine. Sie ist nun fester Bestandteil unseres Alltags. Je nach Zielsetzung besteht die Möglichkeit eine Leidenschaft zu entwickeln – eine Leidenschaft für unser Handeln. Wir handeln mit voller Begeisterung. Begeisterung ist die größte Motivation, die wir entwickeln und die stärkste emotionale Kraft, die wir einsetzen können. So nutzen wir doch einfach unsere Leidenschaft als Motivation. Zur Veranschaulichung ein Beispiel:

Du möchtest abnehmen. Du hast bis jetzt weder Sport gemacht noch auf deine Ernährung geachtet. Es bedarf also einer Veränderung, einer Handlung: Zum Beispiel Sport. Du gehst nun dreimal in der Woche ins Fitnessstudio und machst es zu einem festen Bestandteil in deinem Alltag. Es wird Routine. Mit der Zeit beginnst du Freude daran zu finden und merkst, dass du dich immer weniger dazu zwingen musst. Du entwickelst eine Leidenschaft zum Sport, zur gesunden und ausgewogenen Ernährung. Immer noch hast du dein Ziel klar vor Augen, dein Beweggrund ist allerdings ein anderer: Deine Leidenschaft. Du handelst nun, aus Begeisterung. Du hast eine Leidenschaft für deine Ziele entwickelt.

Was bedeutet das nun für dich

Im Idealfall stimmen deine Ziele und Visionen mit deiner Leidenschaft überein. Aus deiner Begeisterung, deinen Emotionen, kann sich eine beeindruckende Kraft entwickeln. Wenn du nun weißt, wie du deine Leidenschaft einsetzen und nutzen kannst, du dir in diesem Bereich Ziele setzt oder sie sogar zum Beruf machst, dann bist du auf dem Weg zur Selbstverwirklichung. Denn darum geht es im Leben. Es ist nicht unbedingt notwendig, dass du deine Leidenschaft mit deinen Zielen verbindest. Und auch nicht mit deinem Beruf. Natürlich wäre es großartig Leidenschaft mit Beruf verbinden zu können, ist aber kein Muss. Solange du etwas findest, das dich begeistert, dir Freude bereitet, ein Ausgleich für dich ist, wofür du gerne deine Lebenszeit investierst und das dich erfüllt, hast du das Kostbarste, was das du erreichen kannst: Ein Leben in voller Zufriedenheit.

Deine Leidenschaft sollte niemals irgendetwas untergeordnet werden. Weder deinen Zielen, noch deinen Träumen. Nichts ist so beeindruckend, wie ein Mensch, der sich entfaltet. Der seine Persönlichkeit und seine Leidenschaft auslebt.

Du hast Ziele im Leben. Aber ein Leben, dass voll mit erreichten Zielen ist, ist wie ein Herz, das nur zur Hälfte funktioniert. Es fehlt etwas – die andere Hälfte: Die innere Erfüllung. Erst, wenn beides vorhanden ist, kann ein Herz funktionieren. Stimmen beide überein, hat es die stärkste Kraft.

Kapitel IV

Routine

Du stehst morgens auf, schaust in den Spiegel und stellst dir die Frage, ob du das, was du heute vorhast, auch das ist, was du an deinem letzten Tag machen würdest. Lautet deine Antwort an zu vielen nacheinander folgenden Tagen *Nein*, dann weißt du, dass du etwas ändern musst.

- Die Morgenroutine von Apple Gründer Steve Jobs.

Eine Routine ist nichts anderes als eine Handlung, die durch häufiges Wiederholen zu einer dauerhaften Gewohnheit wird. Diese ist ein wesentlicher Bestandteil des Verhaltens. Es wird nicht mehr darüber nachgedacht, sondern einfach gemacht – unbewusst oder bewusst. Häufig spricht man auch von „guten" und „schlechten" Gewohnheiten. Allerdings gibt es meiner Meinung nach keine „schlechten" Gewohnheiten. Sie stellen ebenso wie die „guten" Gewohnheiten, einen Bestandteil der Persönlichkeit dar – und diese ist nicht so schnell veränderbar. Ich sehe sie vielmehr als Chancen. Als Chancen und Möglichkeiten an sich selbst zu arbeiten, das eigene Verhalten und die Persönlichkeit weiter zu entwickeln. Demnach ist eine Routine ein Lernprozess. Routinen müssen entwickelt werden bevor sie zu einem festen Bestandteil des Alltags werden. Immer wieder müssen sie verinnerlicht werden und dann, irgendwann, sind sie fest in den Alltag integriert. Wie lange so ein Prozess dauern kann, ist bei jedem Menschen unterschiedlich. Vier bis sechs Wochen sind ein guter Richtwert. Allerdings kann es auch länger dauern. Disziplin ist daher der entscheidende Faktor. Ohne Disziplin, Überzeugung und Motivation ist es unmöglich eine Routine aufzubauen.

Bevor wir dazu kommen, wie du eine Routine aufbauen und entwickeln kannst, ist zunächst interessant zu wissen, wieso eine Routine wichtig ist und wie du sie für dich nutzen kannst.

Egal ob Morgen- oder Abendroutine, ein Ritual mit Freunden oder sonstige Dinge, die wir immer und immer wieder tun. Wir handeln stets aus einem *bestimmten Grund* – häufig zur selben Zeit und aus demselben Anlass. Finde heraus, was *dein bestimmter Grund* ist. Routinen dienen immer der eigenen Zufriedenstellung – der eigenen Befriedigung und Erfüllung. Auf diese Weise verleihen sie uns ein Glücksgefühl aber auch ein Gefühl von Sicherheit und Kontrolle. Sie stärken uns mental. In unserem Tun und Handeln. Sie stärken uns in unserem Auftreten. Wir wirken disziplinierter, strukturierter und vor allem selbstsicherer. Eine Routine ist nicht nur eine Routine. Sie stützt uns in vielerlei Hinsicht.

Routine als Sicherheit

Womöglich hattest du bereits eine Phase in deinem Leben, in der du glücklich darüber warst, eine Routine zu haben. Sie hat dir dabei geholfen, sie zu überstehen – sie *erfolgreich* zu überstehen. Sie gab dir den nötigen Halt, den du gebraucht hast. Die nötige Sicherheit. Sie hat dir dabei geholfen, aus diesem „Loch" rauszukommen. So stellt für mich der Kampf aus meiner Essstörung eine solche Phase dar. Regelmäßige Mahlzeiten unter der Woche waren für mich kein Problem mehr – solange ich in meinem Alltag war. Aber am Wochenende fiel es mir schwer, regelmäßig und genug zu essen. Der Grund: Andere Uhrzeiten, an denen ich schlafen ging, aufgestanden bin, zum Sport gegangen bin. Ich hatte am Wochenende einen anderen Tagesablauf. So begann ich auch am Wochenende früh aufzustehen. Morgens zu trainieren. Zu frühstücken, zu Mittag essen und abends zu Abend essen. Ich bekam kritische Blicke, ja. Aber das interessierte mich nicht. Meine entwickelte Routine gab mir Sicherheit. Sie half mir dabei, meine Essstörung zu überwinden. Aus dieser schlimmen Phase herauszukommen. Aus diesem „Loch". Ich habe es für mich gemacht – und nicht für andere.

Entwickle eine Routine für *dich*. Eine Routine, die *dir* hilft. Die *dir* Sicherheit bringt. Die *dich* unterstützt – in allem was du tust.

Routine, Angst und Kontrolle

Möglicherweise hast du bereits eine Routine entwickelt – allerdings aus Angst. Eine Routine, die lediglich der Kontrolle dient. Einer Kontrolle aus Zwang. Weil du Dinge schon immer gemacht hast, hast du Angst davor, eine alte Gewohnheit – eine alt bewährte Routine – zu durchbrechen. Du hältst an etwas fest. Du hast Angst und dir ist es nicht einmal bewusst. Lass los. Verabschiede dich von deiner alten und zwanghaften Routine. Nicht wir sind es, die uns dort halten, wo wir sind. Sondern unsere Gewohnheiten. Entwickle neue Gewohnheiten. Eine neue Routine. Eine Routine, die dich weiterbringt. Eine Routine, die dir ein neues und anderes Gefühl von Sicherheit bietet. Eine Routine, die dich in deinem Alltag unterstützt. Eine Routine, die dich in deiner Entscheidung bestätigt.

Routine und Ziele

Eine Routine trägt direkt zu dem Erreichen deiner Ziele bei. Nehmen wir an, du hast ein Ziel. Dieses Ziel erfordert bestimmte Maßnahmen von dir. Handlungen, die du immer wieder erbringen musst. Denn nur durch diese wirst du dein Ziel erreichen. Was erfordert wird, ist also eine Routine. Denn eine Routine besteht aus Handlungen, die wir immer wieder durchführen – solange, bis sie zur Gewohnheit werden. Baust du nun die erforderlichen Maßnahmen fest in deinen Alltag ein, werden sie für dich früher oder später zur Gewohnheit. Zu Beginn ist es noch ungewohnt und lästig. Aber nach und nach gehört es für dich einfach dazu. Du handelst bewusst aber auch unbewusst. Du weißt, aus welchem Grund du das tust, was du tust. Dir ist bewusst, dass dich diese Handlungen deinem Ziel näherbringen. Tag für Tag. Ein Beispiel:

Du möchtest Französisch lernen. Das erfordert einige Stunden, die du damit verbringen musst, den Wortschatz, die Grammatik und die Aussprache zu erlernen. Dass das nicht so einfach ist, ist offensichtlich. Es benötigt also Zeit. Wir werden in den Dingen besser, die wir häufig tun. Nicht für eine Woche und auch nicht für einen Monat. Nein, Tag für Tag. Woche für Woche. Monat für Monat. Jahr für Jahr. Was zu Beginn nervig und lästig ist, wird mit der Zeit zur Selbstverständlichkeit. Dich also hinzusetzen und französisch zu lernen gehört nun zu deinem Alltag. Du weißt, dass du nur auf diese Art und Weise dein Ziel erreichen wirst. Du benötigst keine Motivation. Deine Einstellung, deine Denkweise, dein Mindset ermöglicht dir es, dich tagtäglich von selbst zu motivieren.

Wir halten fest: Du kannst eine Routine gezielt für das Erreichen deines Ziels nutzen. Eine weitere Möglichkeit ist es, mit Hilfe einer Routine deinen Alltag besser zu strukturieren. Aufgaben durch eine bestimmte Vorgehensweise strukturierter anzugehen und dadurch, unterbewusst, ein gutes Zeitmanagement zu entwickeln. Ein Zeitmanagement, das dir ermöglicht, Zeit, die du für das Erreichend deiner Ziele benötigst, besser einzuplanen, nichts zu vernachlässigen und dennoch alles umzusetzen, was du dir vorgenommen hast. Das ist jedoch nicht der einzige Vorteil einer Routine: Du arbeitest produktiver und effektiver – was sich positiv auf allen anderen Lebensbereichen auswirkt.

Starte deinen Tag mit etwas, das dir Freude bereitet und du wirst sehen, es wird ein guter Tag

Die meisten Menschen sind der Meinung: Aufstehen und ab zur Arbeit beziehungsweise Uni. Aber das stimmt nicht. Was ist mit der Zeit dazwischen? Was ist mit der Zeit, zwischen Aufstehen, in das Auto steigen und in die Arbeit fahren? Hast du schon einmal darüber nachgedacht?

Die Zeit am Morgen ist am wertvollsten und kraftvollsten. Deine Gefühle, dein Befinden und deine Einstellung am Morgen bestimmen deine Wahrnehmung des gesamten Tages. Mit dem Mindset, mit dem du morgens in den Tag startest, erfährst und erlebst du den ganzen Tag. Wieso also gestresst, schlecht gelaunt und pessimistisch in den Tag starten?

Morgens Sport machen, gemütlich Frühstücken, dreißig Minuten ein Buch lesen, spazieren gehen, ... Es gibt so viele Möglichkeiten gutgelaunt in den Tag zu starten. Finde heraus, was dich glücklich macht. Was in dir Glücksgefühle ausschüttet. Das kann zum Beispiel auch deine Leidenschaft sein. Baue es fest in deinen Alltag ein und mach es zu einer Routine. Je nach dem was es ist, musst du dir dafür etwas mehr Zeit am Morgen einplanen. Aber das ist es wert. Es motiviert dich aufzustehen. Es verleiht dir ein gutes Gefühl, das den ganzen Tag über anhält.

Auch wenn ich es teils schon erwähnt habe. Ich möchte dennoch noch einmal konkret festhalten, wie du dir eine Routine aufbauen kannst.

Definiere

Finde etwas, das du fest in deinen Alltag einbauen möchtest. Die Routine, die du entwickeln möchtest, ist dein Ziel.

Schreibe sie auf

Nehme ein Blatt Papier, schreibe deine „Zielroutine" auf und hänge sie an die Wand. Zum einen wirst du immer wieder daran erinnert und zum anderen dient es der Motivation. Etwas, das man aufschreibt, schmeißt man nicht weg.

Tu es!

Nichts bringt dich weiter ohne Handeln. Auch wenn es zu Beginn ungewohnt ist – mach es! Der Mensch ist ein Gewohnheits-Tier. Es dauert – aber es wird. Aus diesem Grund ist Disziplin der entscheidende Faktor. Nichts wird zur Routine, wenn es nicht dauerhaft und konstant durchgezogen wird.

Flexibilität

Dieses Thema möchte ich abschließend noch kurz aufgreifen. So sehr dich eine Routine auch unterstützen kann, fixiere dich nicht zu sehr auf sie. Bleibe flexibel. Es geschehen Ereignisse, die du nicht planen kannst. Vorfälle, die du nicht vorhersehen kannst. Es gibt zahlreiche Zwischenfälle, die eintreten können. Ärgere dich nicht – Stress ist der ungesündeste Faktor überhaupt. Vermeide ihn. Das was zählt ist Kontinuität.

Kapitel V

Zeit

Es gibt Tage, an denen wir uns wünschen, dass unser Tag mehr als vierundzwanzig Stunden hätte. Wir fragen uns, weshalb andere in dieser Zeit mehr erreichen als wir. Fakt ist: Jedem Menschen stehen am Tag dieselben vierundzwanzig Stunden zur Verfügung. Der Unterschied: Sie nutzen ihre Zeit sinnvoll. Damit ist nicht gemeint, dass sie den ganzen Tag nur arbeiten. Nein. Sie wissen, wie sie den Tag anzugehen haben: strukturiert, organisiert, durchdacht. Eine strukturierte Herangehensweise ermöglicht es ihnen möglichst produktiv und effektiv zu arbeiten – ohne das private Umfeld zu vernachlässigen.

Das Thema „Zeit" ist ein sehr offenes Thema. Aus diesem Grund möchte ich auf eine ganz bestimmte Sache eingehen. In diesem Kapitel möchte ich dir erklären, wie du deine Zeit *sinnvoll* nutzten kannst und wie sich das auf all deine anderen Lebensbereiche auswirkt. Doch zunächst setzen wir uns mit den Wörtern „sinnvoll" und „nutzen" auseinander.

Sinnvoll kann mit Wörtern wie *sinnreich, sinnig, durchdacht* oder *überlegt* gleichgesetzt werden. *Sinnvoll* umfasst also die Themen *Sinn* und *Plan*. Wir sprechen von einer *sinnvollen* Handlung, wenn wir sie für gut empfinden. Wenn sie mit Verstand durchdacht ist. Die Handlung dient einem übergeordneten Ziel. Es gibt also einen bestimmten Grund, weshalb jemand handelt und es als sinnvoll erachtet. Dieser Grund ist immer individuell. Jeder Mensch definiert für sich selbst, was für ihn sinnvoll ist und was nicht. Was ihn persönlich weiterhilft und was nicht. Jeder hat eine persönliche und individuelle Zielsetzung.

„Ich nutze etwas." Hinter diesem simplen Wort steckt viel mehr als du denkst. Überlege einmal genau, wann du das Wort *nutzen* verwendest. In welchen Zusammenhängen? Weshalb formuliere ich es nicht so: Die Zeit sinnvoll **verbringen**?

Verbringen und *nutzen* werden oft als Synonym verwendet, unterscheiden sich allerdings hinsichtlich ihrer Beweggründe. Verwenden wir das Wort *verbringen*: „Ich verbringe Zeit" – verweilen wir und halten uns an einem Ort auf. Wir tun etwas ohne Plan – ohne Absicht. Anders als bei der Verwendung von dem Wort *nutzen*. „Ich *nutze* die Zeit". Merkst du den Unterschied? Welche Energie dieses kleine Wort hat? Es handelt sich um eine *bewusste* Handlung. Eine *bewusste* Entscheidung, hinter der eine Absicht steckt. *Bewusst* entscheiden wir uns, unsere Zeit für etwas zu *nutzen*. Einzuplanen. Sinnvoll ist immer *zielführend*.

Ich hoffe ich konnte dir damit verdeutlichen, was für eine Kraft allein hinter dem Wort „nutzen" steckt – welche Bedeutung die drei Wörter „Zeit sinnvoll nutzen" haben. Falls nicht, keine Sorge. Spätestens am Ende dieses Kapitels wirst du es verstanden haben.

Zeit sinnvoll nutzen

Wie zu Beginn schon erwähnt: Jeder hat am Tag dieselben vierundzwanzig Stunden zur Verfügung. Die einen nutzen sie – die anderen nicht. Die einen realisieren ihre Träume – die anderen nicht. Und weshalb? Weil sie ihre Zeit für Dinge nutzen, die sie weiterbringen. Die sie ihrem Ziel näherbringen. Die zielführend sind. Sie beschäftigen sich nicht mit Dingen, die unnötig viel Zeit in Anspruch nehmen. Dinge, die ihnen Zeit und Nerven rauben. Sie wissen genau was sie tun, wie sie es tun und wofür sie es tun. Eine durchdachte Arbeitsweise, eine strukturierte Herangehensweise und ein klares Ziel. Mehr brauchst du nicht. Diese drei Faktoren werden dich dorthin bringen, wo du dich siehst.

Wir alle haben Aufgaben. Manche erledigen wir gerne und manche weniger. Manche helfen uns weiter und manche rauben uns einfach nur Zeit. Zeit, die wir hätten anders nutzen können. Dennoch müssen auch solche Aufgaben erledigt werden. Sicherlich fragst du dich jetzt: „Widerspricht sich das nicht mit den obigen Zeilen?" Die Antwort lautet: Nein. Auch Menschen, die ihre Ziele erreichen und ihre Zeit sinnvoll nutzen, haben, ebenso wie jeder andere, auch Aufgaben solcher Art. Das eine schließt das andere nicht aus. Was ihnen hilft ist eine Struktur – ein Plan. Beispielsweise eine To-Do-Liste. Du hast sicherlich schon davon gehört oder möglicherweise auch bereits angewendet. Wichtig für dich: Eine To-Do-Liste ist nicht gleich eine To-Do-Liste. Häufig ist sie viel zu voll gepackt mit Aufgaben oder Dingen, die erledigt werden müssen. Mit irgendeinem

Punkt wird angefangen und nach und nach werden sie abgehakt. Es fehlt die Struktur.

Prioritäten ist das Schlüsselwort! Solange du nicht abschätzen kannst, welche Aufgaben möglichst schnell erledigt werden müssen, welche noch warten können und welche du eventuell abgeben kannst, arbeitest du weder produktiv noch effektiv.

Im Nachfolgenden möchte ich dir erklären, welche Punkte du beim Anlegen einer To-Do-Liste beachten solltest. Mit dem bloßen Aufschreiben deiner Aufgaben ist es noch nicht getan.

To-Do-Liste

Bevor wir mit den einzelnen Schritten beginnen, möchte ich erst ein paar grundlegende Dinge klären. Eine To-Do-Liste soll dir dabei helfen deinen Tag zu strukturieren. Sie soll dich in deiner Arbeitsweise unterstützen, sodass du produktiver und effektiver arbeiten kannst. Dein Zeitmanagement wird sich deutlich verbessern, sodass du mehr Leistung in weniger Zeit und mit weniger Stress erbringst. Ständig beschäftig zu sein bedeutet nicht, auch immer effektiv zu sein.

Investiere Zeit in die Planung und Organisation deiner To-Do-Liste. Dieser Schritt erspart dir während und auch nach deiner Arbeit viel Zeit. Du arbeitest fokussierter, schneller und produktiver. Aus diesem Grund schreibst du dir zu Beginn der Woche deine wichtigsten Termine auf und notierst sie mit einer Uhrzeit fest in deiner Liste und deinem Kalender. So kannst du sichergehen, dass du sie nicht vergisst. Das ist sozusagen dein „Wochen-Plan". Deine To-Do-Liste für den einzelnen Tag kannst du entweder morgens oder am Abend zuvor erstellen. Beides hat seine Vorteile. Viele präferieren es, abends eine Liste anzufertigen. Über Nacht beschäftigt sich dein Unterbewusstsein mit den Aufgaben und versucht bereits Lösungen zu finden. Schreibst du sie hingegen morgens auf, hast du deine Aufgaben genau vor Augen und besser auf dem Schirm. Finde heraus, mit welchem Verfahren du am besten zurechtkommst.

Bedenke ...

Der häufigste Fehler ist, dass wir uns viel zu viel vornehmen. Wir versuchen am Tag so viel wie möglich zu erledigen. Aber viel ist nicht immer gleich besser. Wir planen zu viel, nehmen uns für die jeweilige Aufgaben zu wenig Zeit, konzentrieren uns nicht und sind mit den Gedanken schon bei der nächsten Aufgabe. Daher ist es wichtig, dass du dir am Tag eine realistische Anzahl an To-Do's vornimmst. Und damit meine ich nicht sie so gering wie möglich zu halten, um der Arbeit aus dem Weg zu gehen. Verteile deine Aufgaben so, dass sie zeitlich realistisch umzusetzen sind.

Schritt 1: Schreibe dir deine Aufgaben auf

Im ersten Schritt schreibst du dir *all* deine Aufgaben auf. Die Anzahl kann zunächst einmal außer Acht gelassen werden. Das ausfiltern folgt im nächsten Schritt.

Schritt 2: Priorisiere und strukturiere

Lerne Prioritäten zu setzen. Eine hilfreiche Methode dafür ist die ABCD-Methode. Aufgaben werden in A, B, C und D Aufgaben eingeteilt.

Aufgabe	Dringlichkeit und Wichtigkeit
A	dringend UND wichtig
B	nicht dringend ABER wichtig
C	dringend ABER nicht wichtig
D	weder dringend noch wichtig

A-Aufgabe

A-Aufgaben haben eine hohe Wirkung auf dein Leben: Positiv, wenn du sie erledigst – negativ, wenn du sie nicht erledigst. Sie *müssen* erledigt werden.

Beispiel: Du hast morgen eine Projektabgabe und musst bis dahin alles fertig haben. Wenn du es nicht machst, hat es negative Auswirkungen.

B-Aufgabe

B-Aufgaben scheinen im Augenblick nicht dringend zu sein, werden es aber in der Zukunft. Sie *sollten* gemacht werden. Beginne allerdings niemals mit einer B-Aufgabe, sofern du die A-

Aufgabe noch nicht erledigt hast. A-Aufgaben haben immer Priorität.

Beispiel: Du möchtest zum Wintersemester anfangen zu studieren. Dafür solltest du dich bewerben. Zum jetzigen Zeitpunkt scheint es noch nicht so wichtig zu sein, allerdings solltest du es nicht vergessen, da es eine Voraussetzung ist, um studieren zu können.

C-Aufgabe

C-Aufgaben sind dringend aber langfristig gesehen nicht wichtig. Sie haben weder positive noch negative Auswirkungen auf die Zukunft und bringen dir nichts. Dennoch wäre schön, wenn sie erledigt werden.

Beispiel: Haushalt machen, Gassi gehen.

D-Aufgabe

D-Aufgaben sind nicht dringend und nicht wichtig. Es entsteht kein Schaden, wenn du sie nicht machst - sie sind irrelevant. Wieso also Zeit in sie investieren? Meist handelt es sich um Aufgaben, die du an andere übergeben kannst.

Schreibe vor deine Aufgaben den Buchstaben A, B, C oder D. Strukturiere sie und fange mit der A-Aufgabe an. Solltest du mehrere A-, B-, C- oder D-Aufgaben haben, priorisiere auch hier noch einmal: A1, A2, ... Fange aber stets mit der wichtigsten A-Aufgabe an! Sie ist deine größte Herausforderung und wirkt sich am stärksten auf dein

Leben aus. Sie erfordert die meiste Zeit und deine volle Konzentration. Überwinde deine Neigung zum Aufschieben und beginne. Sofort.

Schritt 3: Hake deine erledigten Aufgaben ab

Das Abhaken deiner Liste dient nicht nur der Übersicht, sondern auch der Motivation. Das Abhaken verleiht dir ein Gefühl von Kontrolle. Ein Gefühl von stolz. Es motiviert dich. Es ist ein natürlicher Motivationstreiber.

Mit der Zeit wirst du A-Aufgaben schnell von anderen differenzieren können und dich instinktiv mit Dingen beschäftigen, die die größten und positivsten Auswirkungen auf dein Leben haben. Durch die strukturierte Planung und Vorgehensweise arbeitest du effizienter und produktiver. Du nimmst dir bewusst Zeit für eine Aufgabe und arbeitest mit voller Konzentration. Du weißt genau, was du machen wirst, wann du es machen wirst und welche Auswirkungen es auf dein Leben haben wird. Du erledigst mehr Aufgaben – mehr *sinnvolle* Aufgaben. Aufgaben, die dich deinen Zielen näherbringen. Aufgaben, die *zielführend* sind. Das ist das Geheimnis produktiver Menschen. Menschen, die ihre Träume in Zielen verwandeln. Menschen, die ihre Ziele erreichen. Menschen, die ihre Zeit sinnvoll nutzen.

Du fragst dich jetzt, was du tust, wenn du fertig bist und alle Aufgaben deiner Liste abgehakt hast. Ganz einfach: Dann hast du sie abgehakt.

Du kannst stolz auf dich sein. Nun kannst du die Zeit mit den Dingen verbringen, die du möchtest. Mit deiner Familie, deinem Partner, deinen Freunden. Die Liste ermöglicht es dir also auch mehr Zeit für andere Dinge im Leben zu haben. Denn das Leben besteht nicht nur aus Arbeit.

An dieser Stelle möchte ich ein weiteres Thema ansprechen: „Leere Zeit". Es gibt zwei Arten: *leere Zeit* in Bezug auf Freizeit beziehungsweise Auszeit und *leere Zeit* als Lücke. Auf ersteres werde ich im nächsten Kapitel expliziter eingehen. Beschränken wir uns vor ab auf letzteres. Was ist damit gemeint?

Leere Zeit

Als Autofahrer verbringen wir im Jahr durchschnittlich sechsunddreißig Stunden im Stau. Zeit, die wir damit verbringen, uns über die nervige Musik im Radio zu ärgern, gelangweilt aus dem Fenster zu schauen oder sinnlose Telefonate zu führen – natürlich mit der Freisprechanlage. Verschwendete Zeit, findest du nicht?

Es muss nicht unbedingt der Stau sein. Auch auf dem Weg zur Arbeit – egal ob zu Fuß, mit dem Rad oder mit dem Auto, diese zwanzig Minuten können wir sinnvoller nutzen.

Nutze diese *leere Zeit* für *sinnvolle* Dinge. Podcasts, Hörbücher, Interviews von erfolgreichen Personen. Bilde dich weiter, höre dir Geschichten von Menschen an, die dich inspirieren. Denke darüber nach und setze diese Dinge auf der Ar-

beit sofort um. Finde neue Denkanstöße. Erweite-
re dein Wissen. Denn Wissen ist Macht.

Kapitel VI

Auszeit

Der Verlauf des Lebens gleicht dem Meer: Es zieht sich zurück, es ebbt ab. Es sammelt Kraft, um dann mit voller Wucht und energiegeladen zurückzukommen.

Neben deiner Zielstrebigkeit, deiner Willensstärke und deiner Disziplin gibt es einen elementaren Faktor: Deine Kraftquelle – der Ursprung deiner Energie. Die Energie, die du für deinen Alltag benötigst. Die Energie *für* deine Zielstrebigkeit, *für* deine Willensstärke und *für* deine Disziplin. Eine Auszeit tut dir gut. Eine Zeit, in der du in dich kehren kannst. In der du das machen kannst, worauf du in diesem Augenblick Lust hast. Eine Zeit, in der du Kraft tanken kannst. Die es dir ermöglicht den Kopf auszuschalten und dich für einen Moment zurückzuziehen.

Dieser Faktor wird häufig unterschätzt – egal in welchen Bereichen: im Sport, in der Arbeit und sogar in der Familie. Niemand kann durchgehend einhundert Prozent geben. Für eine kurze Phase – ja. Aber langfristig – nein.

Erfolg, Zufriedenheit und Gesundheit. Zustände, die wir erreichen möchten – nicht für kurze Zeit, sondern langfristig. Die Energie für deine Disziplin, für dein Durchhaltevermögen, für deine Motivation und deren Umsetzung entstehen nicht von selbst. Sie entstehen aus einer Kraftquelle – einer Auszeit. Zu Beginn deiner Reise ist deine Motivation dein größter Antrieb. Du bist noch voller Kraft und Energie. Und wie wir bereits in einigen Kapiteln festgestellt haben, sollte dein Ziel deine größte Motivation sein. Doch irgendwann wirst du eine Pause brauchen. *Dein Körper braucht eine Pause.* Er schreit nach einer Auszeit von allem. Höre auf ihn und gehe diesem Bedürfnis nach. Lerne zu pausieren. Zu regenerieren.

Um eine plötzlich eintretende Erschöpfung vorzubeugen, kannst du dir im Voraus eine eingeplante Auszeit festlegen. Eine Woche, ein Tag oder jeden Tag eine Stunde – so viel Zeit, wie du eben benötigst. Einige erfolgreiche Menschen ziehen sich sogar für zwei bis drei Monate zurück und reisen um die Welt. Warum? Weil sie es brauchen. Und dank ihrer strukturierten Organisation müssen sie nicht einmal ein schlechtes Gewissen haben.

Aus-zeit und Aus-gleich

Verbringe deine Auszeit mit etwas, das zugleich dein Ausgleich ist: Familie, Freunde, Partner oder auch einfach Zeit für dich. Die Art und Weise zur Ruhe zu kommen ist bei jedem Menschen unterschiedlich. Verbringe und genieße deine Zeit also mit etwas, bei dem du Kraft tanken, deinen Kopf ausschalten und dich ablenken kannst. Wenn du dich noch erinnerst, sollte deine Leidenschaft zugleich dein Ausgleich sein – eine Möglichkeit, wie du deine Auszeit gestalten kannst.

In unserer heutigen Gesellschaft können wir uns ein Leben ohne Smartphone nicht mehr vorstellen – mich eingeschlossen. Das Gefühl ständiger Erreichbarkeit, schnellem Antworten. Unterbewusst der größte Stressfaktor. Schalte dein Smartphone aus oder zumindest stumm. Sei in dieser Zeit nicht erreichbar. Du wirst nichts verpassen. Im Gegenteil. Du lernst die Ruhe und Stille zu genießen. Du lernst Familie, Freundschaft und andere Beziehungen zu schätzen. Du lernst den Moment den Moment sein zu lassen und im Hier und Jetzt zu leben.

Plane dir eine klar definierte Zeit am Tag oder in der Woche ein, in der du dein Smartphone zur Seite legst. Ich selbst trage es zwar ständig bei mir aber schalte den Flugmodus ein. Ich höre Musik oder Podcasts – ohne ständiges Aufpoppen einer Benachrichtigung auf Instagram oder WhatsApp. An diesen Tagen oder in diesen Stunden bin ich so produktiv wie nie, so konzentriert wie nie und vor allem so gelassen wie nie. Das ist meine Erfahrung und kann es dir nur ans Herz legen. Probiere es aus.

Finde eine Balance zwischen Kraftsammeln und Krafteinsetzen. Es ist ein Wechselspiel. Nichts geht ohne das andere. Kraft und Energie ist die Grundvoraussetzung für all dein Tun und Handeln. Für dein Durchhaltevermögen, deinen Ehrgeiz und deine Disziplin. Egal wie groß deine Motivation zu Beginn ist – jeder Mensch benötigt eine Pause. Eine Auszeit. Denn dort entstehen die größten Erfolge.

Kapitel VII

Alleinsein

Alleinsein. Ein Thema, das mich lange Zeit sehr beschäftigt hat und es in gewisser Weise auch noch immer tut. Ich bin ein Mensch, der gerne mit Freunden unterwegs ist. Sich verabreden, essen gehen oder gemeinsam einen Film im Kino anschauen – Dinge, die natürlich auch zu meinem Leben gehören. Aber wenn ich ehrlich bin, bin ich auch gerne allein. Ja, ich genieße es, allein zu sein. Zeit mit mir selbst zu verbringen. Zeit für *mich* zu haben. Meine Zeit so zu gestalten, wie *ich* es möchte. Dinge zu machen, auf die *ich* in diesem Moment Lust habe.

Sicherlich ist diese Einstellung eine Folge aus meiner Essstörung. Ich war oft allein. Allein aus Zwang, Angst und Unsicherheit. Ich zog mich zurück, weil ich Angst davor hatte, mit Leuten etwas zu unternehmen. Angst davor, essen gehen zu müssen. Angst vor den Blicken anderer. Streng genommen war ich allerdings nie allein – mich begleitete ständig diese Stimme. Ich war nicht allein aber *einsam*.

In unserer heutigen Gesellschaft ist Alleinsein ein kritisches Thema. In einer Zeit, in der wir nahezu überall miteinander vernetzt sind und eigentlich überhaupt nicht allein sein *können*. Social Media, ständige Erreichbarkeit und aufpoppende Benachrichtigungen. Es ist *nicht normal* zu sagen, dass man *gerne* allein ist. Dass man allein *glücklich* ist. Dass man es *genießt*, für sich zu sein. Und genau aus diesem Grund, weil es nicht *normal* ist, verbiegen wir uns. Wir zwingen uns dazu, die Zeit mit Menschen zu verbringen, mit denen wir sie eigentlich nicht verbringen wollen. Es ist *deine* Zeit. *Du* entscheidest mit wem du deine Zeit verbringst. Wer das Privileg hat, mit dir seine Zeit zu verbringen und nicht umgekehrt.

Einsamkeit und Alleinsein

„Wer allein ist, hat keine Freunde." – Eine Denkweise, die in unserer Gesellschaft leider noch fest verankert ist. Allerdings sind Einsamkeit und Alleinsein nicht miteinander zu verwechseln. Sie sind nicht dasselbe – auch wenn sie häufig als Synonym verwendet werden. Oberflächlich betrachtet haben sie zwar die gleiche Bedeutung, sind allerdings gegenteilig.

Einsame Menschen *können* nicht allein sein. Sie brauchen jemanden, um glücklich zu sein. Um sich vollständig zu fühlen. Sie machen sich abhängig von anderen Menschen. Haben erst Spaß und das Gefühl, ihre Zeit sinnvoll zu verbringen, wenn sie eine andere Person um sich haben. Allein langweilen sie sich. Sie wissen nichts mit sich anzufangen. Schauen fern, hören Musik oder liegen gedankenlos auf dem Bett. Sie wissen nicht, was sie tun sollen und verbringen die Zeit alles andere als sinnvoll. Sie empfinden *ihre Zeit* allein nicht als wertvoll.

Doch du kannst allein Musik hören. Du kannst auch allein fernsehen. Du kannst alles machen, ohne einsam zu sein. Es ist nur eine Frage des

Empfindens. Der Wahrnehmung. Der Gedanken in diesem Moment.

Allein glücklich zu sein. Den Moment genießen zu können. Zu wissen, was man mit sich selbst anfangen kann. Sich nicht einsam zu fühlen. Es ist eine Fähigkeit und zugleich auch eine Kraftquelle. Es ist ebenso wichtig, wie die Zeit mit anderen zu verbringen – wenn nicht sogar noch viel wichtiger.

Es hat eine außergewöhnliche Kraft und wirkt sich auf deine ganze Persönlichkeit aus. Die Zeit, die du mit dir selbst verbringst, die du für *dich* nutzt, dient der eigenen Einsicht und Erkenntnis. Du findest heraus, was *dir* gefällt, wo *du* im Leben hinkommen möchtest, was *du* erreichen möchtest. Du setzt dich mit dir selbst auseinander. Du lernst dich besser kennen. Du machst deinen Alltag nicht mehr von anderen abhängig und wartest nicht mehr bis sich eine Person meldet, um etwas zu unternehmen. Statt deine Zeit mit sinnlosem Warten zu verbringen, lernst du Entscheidungen zu treffen – schnell und einfach. Du lernst, deinen eigenen Weg zu gehen.

Und damit möchte ich dich nicht dazu auffordern, den Kontakt mit deinem Freunden abzubrechen. Nein. Die Botschaft, die ich dir mitgeben möchte ist, dass es auch wichtig ist, allein sein zu können. Es wird immer wieder Situationen geben, in denen du allein sein wirst. Und genau dann ist es gut zu wissen, wie du damit umzugehen hast. Wie du diese Zeit nutzt. Denn letztendlich ist es nur eine Sache der persönlichen Einstellung. Der Wahrnehmung – dem Mindset.

Bist du in der Lage deine Gedanken so zu steuern, dass du nicht mehr das Gefühl von Einsamkeit empfindest, wirst du nie wieder allein sein.

Kapitel VIII

Wissen

Um dir den Zusammenhang mit den anderen Themen zu verdeutlichen, lass mich etwas ausholen...

Wie bereits erwähnt, habe ich in der Zeit des Network Marketings gemerkt, dass das so nicht der richtige Weg ist. Ich wollte Menschen helfen – allerdings auf eine andere Art und Weise. Menschen, die weder Experten noch Profis waren, verkauften Produkte und warfen mit Informationen um sich, bei denen ich nur den Kopf schütteln konnte. Die Naivität, die Unwissenheit und die Faulheit der Menschen wurde, und wird leider immer noch, gnadenlos ausgenutzt. Viele Menschen sind zu faul, um sich zu informieren. Zu faul, um sich Wissen anzueignen, Wissen aufzubauen und selbst nachzudenken. Sie wollen keine endlos langen Texte durchlesen. Sie haben dafür keine Zeit. Daher greifen sie auf jemanden zurück, der vermeintlich Erfahrung und Wissen in diesem Gebiet hat.

Dieses Schema und Verhaltensmuster sieht man nicht nur im Network Marketing. Erst als ich damit aufgehört habe, ist mir aufgefallen, wie stark verbreitet dieses Muster ist. Im Beauty-, Ernährungs- und Sportbereich. Und ich möchte gar nicht wissen, in welchen Bereichen noch. Menschen sind faul geworden - faul und naiv. Sie wollen schnellstmöglich die größten Erfolge haben. Dass es meist unrealistische Ziele sind, ist ihnen nicht bewusst. Wieso? Weil sie keine Ahnung haben. Sie haben keine Ahnung wie sie dort hinkommen. Wie viel Ehrgeiz und Disziplin gefordert wird. Ohne großen Aufwand, ohne Wissen, ohne Verständnis und ohne Zeit zu verschwenden, wollen sie schnellstmöglich das erreichen, wofür andere Jahre gebraucht haben. Aber das ist ihnen nicht bewusst. Sie wissen es ja nicht.

Dabei sind Ehrgeiz, Disziplin und Wissen die drei Grundvoraussetzungen für Erfolg. Ohne Wissen ist es unmöglich die eigenen Ziele zu erreichen. Zu wissen, wie Dinge ablaufen. Zu wissen, weshalb bestimmte Parameter so entscheidend sind. Ein Verständnis aufzubauen, wie Dinge funktionieren. Wie man vorzugehen hat. Zu wissen, welche Faktoren eine Rolle spielen und welche nicht.

Ich habe gelernt Dinge kritisch zu hinterfragen. Herauszufinden, woher eine Person ihre Informationen hat. Weshalb sie diese Meinung vertritt und diese so stark nach außen trägt. Grundlegende Gedanken, die sich jeder stellen sollte – auch du.

Sei nicht so dumm und naiv. Verlasse dich nicht immer auf andere. Eigne dir selbst Wissen an. Das Internet ist voll damit. Mir ist bewusst, dass dort geradezu eine Informationsflut herrscht. Jeder ist davon überzeugt, seine Meinung sei die einzig richtige. Werde nicht einer von ihnen. Bilde dir deine eigene Meinung. Baue dir dein eigenes Wissen auf. Greif auf all die Informationen zu, die dir zur Verfügung stehen. Hole dir weitere Meinungen zu Themen ein. Vergleiche, sortiere und filtere. Es gibt nicht *die eine richtige* Sichtweise. Natürlich gibt es Themen, über die es klare Mei-

nungen gibt: 1+1 = 2. Ja, prima. Das haben alle
wir in der Schule gelernt. Ich spreche von Themen, mit denen wir alltäglich konfrontiert werden
- besonders auf Social Media. Heutzutage prä-
sentiert sich jeder als Profi in seinem Gebiet. Sie
wollen anderen helfen. Doch die einzigen, die
davon profitieren, sind sie selbst. Sie nutzen die
Naivität und Faulheit der Leute aus und verdienen damit ihr Geld. Du kannst dem entgegenwir-
ken, indem du dir das nötige Wissen aneignest.
YouTube, Blogartikel, ... – es gibt zahlreiche Möglichkeiten. Glaube nicht jeder Person nur, weil sie
ein hübsches Lächeln hat, gut aussieht und den
Anschein macht, niemanden hinters Licht führen
zu wollen. Hinterfrage Aussagen kritisch und bilde
dir deine eigene Meinung. Dein eigenes Bild.
Wenn Person XY behauptet, dass du nur so an
dein Ziel kommst, dann informiere dich. Informiere
dich darüber, wie du dein Ziel erreichen kannst.
Welche Möglichkeiten es gibt. Wie andere das
erreicht haben, was du erreichen möchtest. Wie
sie vorgegangen sind. Wie sie über das Thema
denken. Denn es gibt nicht *den einen* Weg – verschiedene Wege führen bekanntlich nach Rom.
Hinterfrage Aussagen kritisch. Finde *deinen* Weg.

Das gilt auch für andere Bereiche. Wenn du in
einem Bereich besser werden möchtest, dann
informiere dich. Informiere dich darüber, *wie* du
besser werden kannst. Was du benötigst. Worauf
du achten musst. Auch hier gilt: Eigne dir Wissen
an. Lese Bücher, höre Podcasts oder Hörbücher.
Es gibt zahlreiche Möglichkeiten. Ich persönlich
finde Podcasts eine super Möglichkeit, sich wei-
terzubilden: Im Auto, auf dem Weg zu Arbeit,

beim Bügeln, beim Kochen – man kann sie überall anhören.

Nichts geschieht einfach so. Wissen war und ist schon immer eine Voraussetzung gewesen – und zwar in allen Bereichen. Schon im Kindesalter beginnen wir zu lernen. Damals noch aus Neugier. Sie ist der Impulsgeber des Lernens. Sie ist unsere *intrinsische* Motivation. Sie ist der Grund dafür, weshalb wir uns weiterbilden *wollen*. Wieso wir uns Wissen aneignen und Wissen aufbauen *wollen*. Leider lässt sich immer häufiger beobachten, dass dieser Instinkt zurück geht und die Naivität, die Faulheit und das Desinteresse zunehmend stärker werden. Sie werden zu Schwächen. Schwächen, die von anderen ausgenutzt werden. Verliere deine Neugier nicht. Behalte sie dein ganzes Leben lang. Denn das Leben ist ein ständiger Lernprozess, der niemals enden wird. Neugier ist der Impulsgeber für Wissen. Und Wissen ist Macht.

Kapitel IX

Schnell und Schmerzfrei

Mit geringem Aufwand die größten Erfolge erzielen – und das schnellstmöglich. Ein Denkmuster, das tief in den Köpfen der heutigen Gesellschaft verankert ist. Wir haben große Träume, große Ziele. Träume und Ziele, die wir erreichen möchten. Schnell und ohne großen Aufwand. Doch ich muss dich enttäuschen. Schnelle Erfolge gibt es nicht – zumindest nicht solche, die auch lange bestehen bleiben. Wir denken und handeln kurzfristig. Unser jetziges Bedürfnis hat einen zu hohen Stellenwert und muss sofort gestillt werden. Nicht später, sondern jetzt. Wir präferieren eine sofortige Genugtuung und ziehen es vor, ein aktuelles Bedürfnis sofort zu stillen, anstelle dieses aufzuschieben und später von einem noch viel größeren Nutzen zu profitieren. Instant Gratification – eine schnelle Befriedigung ohne Aufschieben und ohne Schmerz.

Wir handeln zu oft zu impulsiv und unüberlegt – was nicht immer unbedingt schlecht ist. Allerdings sollten wir uns häufiger die Frage stellen, was wir tatsächlich wollen. Ist es wirklich ein Bedürfnis oder *meinen* wir ein Bedürfnis zu haben? Betrachten wir zunächst den Begriff.

Bedürfnis

Ein Bedürfnis resultiert aus einem Defizit, welches immer mit einer Befriedigung einhergeht. Diese Befriedigung findet entweder unmittelbar nach

Auftreten des Bedürfnisses statt oder in naher Zukunft. Es *muss* allerdings immer gestillt werden und ist demnach ein erstrebenswerter Zustand jedes einzelnen. Grundsätzlich unterscheide ich zwischen zwei Arten von Bedürfnissen: natürliche und persönliche. Auf letzter werde ich im weiteren Verlauf noch genauer eingehen. Doch zunächst widmen wir uns den natürlichen Bedürfnissen.

Natürliche Bedürfnisse

Ein *natürliches* Bedürfnis entsteht aus einem *natürlichen* Defizit. *Natürlich* aus dem Grund, weil es ein körperliches Defizit ist. Bei uns allen entsteht dieses Bedürfnis früher oder später. So verspürt jeder von uns irgendwann Hunger, Müdigkeit oder Durst. Es sind quasi die „Grundbedürfnisse". Allerdings mit folgendem Unterschied: *Wir* selbst entscheiden wann, ob und wie wir diesen Bedürfnissen nachgehen. *Wir* bestimmen, wie wir das Bedürfnis wahrnehmen und empfinden: Entweder als Wunschzustand oder als Problem.

Natürliches Bedürfnis als Wunschzustand

In diesem Fall ist das Stillen unseres Bedürfnisses unser *Wunsch* – das Gefühl, das uns dieses Stillen gibt, der *Wunsch-Zustand*. Den Zustand, den wir anstreben. Der uns das Gefühl von Genugtuung, Glück und Zufriedenheit gibt. Zur Verdeutlichung hier ein Beispiel:

Stell dir vor es ist vierzehn Uhr, du bist müde und hast das Bedürfnis, den Wunsch, schlafen zu gehen. Du handelst impulsiv und entschließt dich hinzugelegen. Allerdings denkst du nicht weiter. Du machst dir keine Gedanken darüber, wie es sich weiter auswirken wird – nämlich, dass du am nächsten Tag erneut müde bist und sich dieses Muster täglich wiederholen wird. Du stillst dein Bedürfnis zwar für diesen Moment, allerdings wird es immer wieder auftreten und immer wieder wirst du dich in der jeweiligen Situation dazu entscheiden, schlafen zu gehen. Du verpasst den Tag und viel wichtiger, all die Chancen und Möglichkeiten, ihn sinnvoll zu nutzen, sinnvoll zu gestalten, an dir selbst und an deinen eigenen Zielen zu arbeiten. Du gehst deinem jetzigen Bedürfnis nach – deinem Wunsch schlafen zu gehen aber du denkst und handelst dabei nicht langfristig.

Natürliches Bedürfnis als Problem

Gleiche Ausgangslage wie im obigen Beispiel jedoch mit einer anderen Betrachtungsweise: Du entscheidest dich gegen das Schlafengehen und überlegst, weshalb du müde bist, woran es liegen könnte und wie du dieses *Problem* lösen kannst. Das Bedürfnis ist also ein *Problem*. Ein Problem ist immer erst ein Problem, wenn du etwas feststellst. Wenn Dinge nicht richtig funktionieren, nicht richtig laufen, so wie du es dir vorstellst. Es setzt also voraus, dass du aufmerksam bist und bewusst handelst. Und genau das tust du in diesem Beispiel. Du gehst mit dem Bedürfnis bewusster und weiser um. Statt impulsiv zu handeln, hinterfragst du dein aktuelles Bedürfnis. Du stellst dir die Frage wie das Bedürfnis zustande kam, weshalb du müde bist. Du möchtest dein Bedürfnis, dein Problem, langfristig stillen – langfristig lösen.

Das bedeutet …

Gehe bewusster mit deinen Bedürfnissen um und betrachte sie eher als Probleme, anstatt akuter Bedürfnisse. Denke und handle langfristig, sieh immer das große Ganze. Betrachte deine aktuelle Lage kritisch und hinterfrage sie. Wandle ein *Wunsch*-Bedürfnis in ein *Problem* um. Letztendlich sind Bedürfnisse immer nur eine Frage der Betrachtungsweise, der Perspektive – eine Frage der persönlichen Einstellung: Ist es ein Bedürfnis oder ein Problem?

Persönliche Bedürfnisse

Wie bereits angesprochen gibt es noch eine weitere Art von Bedürfnissen. Dieser Ansatz beruht auf dem Prinzip der Selbstverwirklichung. So ist das Bedürfnis ein Resultat persönlicher Defizite. Wir streben danach, uns persönlich weiter zu entwickeln, unsere Fähigkeiten weiter auszubauen, uns selbst besser kennenzulernen, unsere Ideen umzusetzen und viel wichtiger: unsere Ziele zu erreichen. Wir verspüren das Bedürfnis *mehr* aus uns und unserer Zeit zu machen.

Persönliches Bedürfnis als Problem, innerer Antrieb und Ziel zugleich

Wie bereits zu Beginn des Kapitels beschrieben, streben wir Menschen nach schnellen Ergebnissen, nach schnellen Erfolgen und nach einer schnellen Befriedigung. Oft ist dieses Verhalten eine Folge unserer derzeitigen Unzufriedenheit. Wir haben Probleme, sind unzufrieden mit uns selbst, mit unserem Körper oder allgemein mit unserer derzeitigen Situation. Häufig ist ein impulsives Handeln die Folge. Allerdings verbirgt sich in diesem Verhalten zugleich eine enorme Kraft. Setzen wir dieses „schnelle und ehrgeizige Handeln" gezielt ein, entsteht eine immense Kraft.

Wir alle haben Ziele. Ziele, die wir *schnellstmöglich* erreichen wollen. Empfinden wir unsere Bedürfnisse von nun an nicht mehr nur als Bedürfnisse, sondern als Ziele, können wir diese Kraft – das Streben nach einer sofortigen Befriedigung – gezielt nutzen. Sie dient nicht nur einer Befriedigung dieser Art, sondern auch, um unsere Ziele schnellstmöglich zu erreichen – uns schnellstmöglich in unseren angestrebten Zustand zu versetzten. Und da unsere Ziele immer auch unsere Motivation sind, sind folglich unsere Bedürfnisse, die uns antreiben, die uns motivieren, die uns zu unmöglichen Dingen befähigen und unrealistische Dinge zu realistischen Dingen machen. Sie ermöglichen es uns, schnellstmöglich unseren Zielzuständen – unseren Sehnsüchten – einen Schritt näher zu kommen. Wir handeln nicht aus Not, wie bei natürlichen Bedürfnissen, sondern aus Überzeugung. Aus Motivation. Aus Sehnsucht nach Selbstverwirklichung. Wir nutzen die Kraft unserer

Bedürfnisse also bewusst als inneren Antrieb. Als Antrieb, um unsere Ziele schnellstmöglich zu erreichen. In diesem Fall ist *schnellstmöglich* nichts Negatives, denn wir nutzen sie *bewusst* als Motivation.

Diese Herangehensweise basiert grundsätzlich auf einer langfristigen und bewussten Denkweise. So können wir unsere Ziele nur erreichen, indem wir uns mit ihnen auseinandersetzten. Ebenso mit unseren Bedürfnissen: Wir können sie erst stillen, wenn wir uns mit ihnen befassen, sie hinterfragen – kritisch hinterfragen. Du siehst, es gleicht dem obigen Prinzip. Trotzdem möchte ich auch hier noch ein Beispiel zur Verdeutlichung aufzeigen:

Du fühlst dich in deinem Körper unwohl und möchtest abnehmen. Du sehnst dich nach einem sportlicheren Körper und einem gesünderen Lebensstil. Impulsives Handeln in Form von einem restriktivem Essverhalten und ein übermäßigen Sportpensum wäre nicht hilfreich. Früher oder später hättest du keine Kraft mehr, keine Energie für deinen Alltag – ganz zu schweigen von den Auswirkungen auf deine Gesundheit. Auch hier gilt: Langfristig denken, die aktuelle Situation hinterfragen: Wie kam es dazu, dass du dich unwohl fühlst? Wie kam es dazu, dass du zugenommen hast? Analysiere das „Problem" und informiere dich darüber, wie du es lösen kannst. Du siehst, auch hier ist das Thema „Wissen" ein wesentlicher Bestandteil.

Deine Unzufriedenheit mit der derzeitigen Situation, mit deinem derzeitigen Körper, ist in diesem Fall dein innerer Antrieb – deine Motivation. Jede kleine Veränderung ist zugleich ein Erfolg. Ein Erfolg der dich weiterhin motiviert. Solange, bis du dein Ziel erreicht hast – solange, bis du dein Bedürfnis gestillt hast und abgenommen hast, einen gesünderen Lebensstil lebst und fitter bist.

Eine kleine Ergänzung...

Unsere Bedürfnisse können von unserem Umfeld geweckt, beeinflusst oder auch verstärkt werden. In unserer heutigen Gesellschaft, und besonders auf Social Media, wird uns oft „eingetriggert", Dinge zu benötigen, unser Verhalten ändern zu müssen, uns verändern zu müssen. Nur um dann glücklich zu sein. Auf YouTube wirbt Person X für ein Produkt, das uns eine schöne Haut verleiht. Person Y bewirbt auf Instagram Stoffwechselkuren (was totaler Schwachsinn ist) und auf Facebook versucht dich Person Z in irgendein Team zu locken, um finanziell frei zu sein. Sie triggern uns vermeintliche Bedürfnisse ein. Doch ein Bedürfnis entsteht immer aus dir selbst heraus. Entweder aus einem *natürlichen* oder *persönlichen* Defizit – niemals aufgrund eines „*eingetriggerten*" Defizits.

In manchen Situationen kann eine Beeinflussung oder eine Verstärkung der Bedürfnisse jedoch auch hilfreich sein. Um auf das Beispiel von eben zurückzukommen: Schlanke Menschen in deinem Umfeld können dich auch inspirieren. Sie geben dir die Motivation, abzunehmen. Allerdings nur als erster Antrieb. Langfristig gesehen, musst du natürlich aus eigener Überzeugung am Ball bleiben.

Allzu sehr möchte hier auch gar nicht in die Tiefe gehen, was ich dir mitgeben möchte ist Folgendes: Gehe bewusst mit deinen Bedürfnissen um. Nehme sie wahr, hinterfrage sie kritisch und überlege, wie du sie stillen und dabei langfristig profitieren kannst. Letztendlich ist alles eine Frage der Perspektive. Denn mit der richtigen Einstellung und dem richtigen Mindset kannst du von deinen „Defiziten" profitieren. Du musst sie nur richtig einsetzen.

Kapitel X

Ein paar letzte Worte …

Wir alle haben unterschiedliche Glaubensansätze. Unterschiedliche Ansichten. Unterschiedliche Einstellungen. Wir alle tragen eine Brille, mit der wir durchs Leben gehen. Einen Filter, mit dem wir die Welt wahrnehmen – und zwar so, wie wir uns selbst wahrnehmen. Das mentale Bild, das wir von uns haben, wirkt sich auf all unsere Gedanken aus. Auf unser Verhalten. All unsere Entscheidungen werden durch unsere Gedanken beeinflusst.

Wir haben Moralvorstellungen. Was wir meinen zu dürfen und nicht zu dürfen – maßgeblich beeinflusst von der Gesellschaft. Diese Vorstellungen schränken uns ein. In unserem Wachstum, unseren Träumen, unserem Glauben. Sie bringen uns in Probleme oder lassen Probleme entstehen, weil wir uns zu Dingen zwingen, die wir eigentlich nicht wollen aber meinen zu müssen. Wir meinen, leisten zu müssen, um wert zu sein, um Anerkennung zu gewinnen. Die Folge: Ängste, Dränge und Zwänge. Doch das Leben ist viel zu schön, um sich von diesen führen zu lassen. Um sich von ihnen Lebensfreude und Leidenschaften nehmen zu lassen. Nicht unsere Ängste sollten unser Leben bestimmen, sondern unsere Träume – egal welcher Art. Das Schlimmste ist es, die eigenen Träume mit ins Grab zu nehmen, denn dort werden sie niemals erfüllt.

Wir haben die Fähigkeit zu entscheiden – die größte Kraft, die wir besitzen. *Wir entscheiden wie* wir mit Herausforderungen umgehen. Probleme bewältigen. Wie wir Situationen bewerten: Unsicher und hoffnungslos oder selbstsicher und motiviert? Es liegt alles in unseren Händen. Hoffnung, Motivation, Ehrgeiz, Selbstbewusstsein – es beginnt alles *in* uns. *In* unseren Köpfen. *In* unseren Gedanken.

Mit unserer Einstellung und unseren Gedanken steuern wir unser ganzes Leben. Sie beeinflussen nicht nur unser Verhalten, unsere Entscheidungen oder Handlungen, sondern auch unsere Ausstrahlung: Sind wir voller positiver Energie, strahlen wir das auch aus. Und das, was wir ausstrahlen, ziehen wir an. Besteht unser Umfeld also aus positiven Menschen, können wir Rückschlüsse auf uns selbst ziehen: Auch wir sind positiv. Sind wir positiv, wird auch unser Umfeld positiv sein. Mit der richtigen Einstellung müssen wir uns also nie wieder von Menschen trennen – wir haben die „richtigen" Menschen um uns. Durch unsere Gedanken, Emotionen und Einstellungen können wir selbst entscheiden, wen wir in unser Leben lassen und wen nicht.

Wenn uns bewusst ist, welche Kraft unsere Gedanken haben, inwiefern sie uns beeinflussen und wir genau wissen, wie wir sie nutzen können, werden wir alles erreichen, was wir uns vornehmen. Unsere Neugier und unser Ehrgeiz werden unsere größten inneren Antriebe sein. Wir werden ein Leben lang wachsen.

Und das ist es, was ich dir mit auf den Weg geben möchte: Hör niemals auf zu träumen! Lerne Erfolge zu genießen aber gebe dich niemals zufrieden. Du hast ein Traum verwirklicht? Ein Ziel erreicht? Super, Glückwunsch! Du kannst stolz auf dich sein. Genieße den Moment, feiere dich und das, was du erreicht hast aber ruhe dich nicht darauf aus. Setze dir neue, größere Ziele. Verwirkliche deinen nächsten Traum.

Du lebst, um zu leben. *Dein* Leben zu leben. Und zwar so, wie *du* es möchtest. Niemand muss deine Reise verstehen. Es ist *deine* Reise. *Dein* Leben. Keiner kann und sollte dir vorgeben, wie *du* dein Leben zu führen hast. Keiner hat das Recht, dich zu verurteilen. Dir zu sagen, was du kannst und was du nicht kannst. Glaube an dich und akzeptiere dich selbst. Kämpfe für deine Träume und deine Ziele. Bilde dich weiter und lerne dazu. Überlege nicht, sondern tu es einfach – ohne zu bereuen. Nichts ist per se schlecht. Die Bedeutung, die du ihnen gibst, ist das was schlecht ist. Aus diesem Grund: Arbeite an dir. An deiner Persönlichkeit – an deiner Art zu denken. Wie alles, ist auch das positive Denken eine Gewohnheit.

Deine Entscheidungen, werden nicht immer die richtigen sein. Du wirst Fehler machen. Niederlagen erfahren. Aber das macht nichts. Sie gehören zum Leben dazu – ebenso wie Erfolge. Du lernst und wirst besser – mit jedem Fehler, den du begehst. Du wärst nicht der Mensch, der du heute bist, wenn du nicht genau diese Fehler gemacht hättest. Du wärst nicht der Mensch, wenn du dich in einer bestimmten Situation anders entschieden hättest. All die Herausforderungen, Probleme und Entscheidungen – all deine Erfahrungen, die du gemacht hast, haben dich geprägt. Sie haben dich zu dem Menschen ge-

macht der du heute *bist*. Deine zukünftigen Erfahrungen werden dich zu dem Menschen machen,
der du *sein wirst*. Und mit den Zielen, die *du* dir
setzt; den Herausforderungen und Problemen,
denen *du* dich auf diesem Weg stellen musst; die
Entscheidungen, die *du* dafür treffen musst, werden dich zu dem Menschen machen, der du sein
willst. Du selbst entscheidest, welche Erfahrungen
du machen wirst – welche du machen *möchtest*.
Erfahrungen prägen dich. Sie prägen deine Art zu
denken. Sie prägen dich und deine Gedanken –
dein Mindset.

Niemand wird mit dem *perfekten* Mindset gebo-
ren. Jeder hat eine Vergangenheit. Jeder hat
schlechte Zeiten durchgemacht oder wird sie
früher oder später durchmachen müssen. Lass
deine Vergangenheit nicht deine Zukunft bestimmen. In diesem Augenblick befindest du dich
in der Gegenwart. Das einzige, das du für diesen
Moment fühlen kannst. Das einzige, was du derzeit ändern kannst. Es ist das einzige, was zählt. In
diesem Augenblick bist du der Mensch, zudem
dich deine Vergangenheit gemacht hat. Und nur
du selbst entscheidest darüber, welcher Mensch
du morgen sein wirst.

II VOR DEINEN PROBLEMEN WEGZULAUFEN IST EIN RENNEN, DAS DU NIEMALS GEWINNEN WIRST

II KÄMPFE UM DAS, WAS DICH WEITERBRINGT. AKZEPTIERE DAS, WAS DU NICHT ÄNDERN KANNST UND TRENNE DICH VON DEM, WAS DICH RUNTERZIEHT

II WIE PERFEKT WÄRE DEIN LEBEN, WENN DU NICHT SO PERFEKTIONISTISCH WÄRST?

II HILFE ANZUNEHMEN IST KEIN ZEICHEN VON SCHWÄCHE, SONDERN EIN ZEICHEN VON STÄRKE

II HINDERNISSE UND SCHWIERIGKEITEN SIND STUFEN, AUF DENEN WIR IN DIE HÖHE STEIGEN

- Friedrich Nietzsch

‖ SEI STOLZ AUF DICH. NIEMAND AUS-
SER DIR WEISS, WIE VIEL KRAFT, TRÄ-
NEN UND VERTRAUEN ES DICH GE-
KOSTET HAT DORT ZU SEIN, WO DU
JETZT BIST

- Marianna Jermakova

‖ KOMPLIMENTE SIND DAS GRÖSSTE LOB,
DASS DU JEMANDEM GEBEN KANNST

‖ DER MOMENT, IN DEM DU AUFHÖRST DIR
GEDANKEN DARÜBER ZU MACHEN, WAS
ANDERE VON DIR HALTEN UND DU ANFÄNST
SO ZU LEBEN WIE DU ES MÖCHTEST, IST DER
MOMENT IN DEM DU ENDLICH FREI BIST

‖ GENIESSE DIE KLEINEN AUGENBLICKE IM LE-
BEN UND WARTE NICHT AUF DIE GROSSEN

‖ DIE KUNST IST ES, AUCH IN SCHWEREN ZEITEN
DAS POSTIVE ZU SEHEN

Ziele

Finde dein „Reason to live". Setzte dir Ziele, überlege, wie du es erreichen kannst und entwickle eine Leidenschaft dafür. Setze all deine Fähigkeiten ein, um deinen erstrebenswerten Zustand zu erreichen.

Motivation

Steuere deine Gedanken gezielt und du benötigst keine Motivation mehr.

Leidenschaft

Finde deine Leidenschaft. Stimmen deine Ziele und Visionen mit ihr überein, nutze die Kraft deiner Begeisterung. Sie ist der natürlichste Antrieb, den du hast.

Routine

Als Sicherheit, Kontrolle oder Strategie. Eine Routine unterstützt dich in vielerlei Hinsicht. Entwickle Gewohnheiten, baue eine Routine auf und bewahre trotz allem an Flexibilität.

Zeit

Zeit ist das kostbarste, was du besitzt. Nutze sie für Dinge, die dich weiterbringen. Nutze sie sinnvoll.

Auszeit

Auch du benötigst mal eine Pause. Nehme sie dir und schaffe einen Ausgleich.

Alleinsein
Lerne die Momente, die du für dich hast, zu genießen und zu schätzen. Kannst du dies, wirst du nie wieder einsam sein.

Wissen
Höre niemals auf zu lernen. Bilde dich weiter – egal in welchen Bereichen. Wissen ist Macht!

Einfach. Schnell. Schmerzfrei.
Lerne Bedürfnisse richtig zu deuten. Es ist alles Kopfssache.

Merke dir...
Finde etwas, das dich morgens aufstehen lässt. Etwas, wofür du brennst. Etwas, das Begeisterung in dir auslöst, bei dem du voller Elan bist und keine Motivation benötigst. Finde etwas, das dich erfüllt.

Danksagung

Auch wenn ich schon längst mit meiner Vergangenheit abgeschlossen habe, möchte ich mich ein letztes Mal bei all denjenigen bedanken, die mich in dieser Zeit unterstützt haben. Die mich auf meinem Weg begleitet haben und auch weiterhin begleiten werden. Ich danke denjenigen, die mir den Klinikaufenthalt zum „Urlaub" gemacht haben und mir immer wieder Hoffnung, Kraft und Lebensfreude geschenkt haben. Ich danke den Menschen, die ich kennenlernen durfte. Von denen ich lernen konnte und die mir geholfen haben, zu dem Menschen zu werden, der ich heute bin. Die, mir geholfen haben, einen gesunden Weg zu finden – meinen Weg.

An dieser Stelle möchte ich einer Person ganz besonderen Dank aussprechen: Meiner Mutter. Sie war für mich da, als ich niemanden hatte. Egal wie ich mich ihr gegenüber verhalten habe, sie war da. Sie unterstützte mich in allem was ich tat – und das, auch heute noch. Danke.

Doch neben all den Danksagungen möchte ich die Gelegenheit nutzen, mich zu entschuldigen. Bei all denen, die ich verletzt habe. Die unter meinem Verhalten gelitten haben. Deren Beziehungen darunter gelitten haben. Es tut mir leid. Für alles.